中共山东省委党校创新工程科研支撑项目

山东省新旧动能转换的科技创新政策研究

陈晓红 著

山东大学出版社

图书在版编目(CIP)数据

山东省新旧动能转换的科技创新政策研究/陈晓红著.—济南:山东大学出版社,2018.11
ISBN 978-7-5607-6229-6

Ⅰ.①山… Ⅱ.①陈… Ⅲ.①技术革新—科技政策—研究—山东 Ⅳ.①F124.3

中国版本图书馆 CIP 数据核字(2018)第 261189 号

责任编辑:宋亚卿
封面设计:张　荔

出版发行:山东大学出版社
社　址　山东省济南市山大南路 20 号
邮　编　250100
电　话　市场部(0531)88363008
经　销:新华书店
印　刷:济南景升印业有限公司
规　格:787 毫米×1092 毫米　1/32
6.625 印张　150 千字
版　次:2018 年 11 月第 1 版
印　次:2018 年 11 月第 1 次印刷
定　价:49.00 元

前　言

2008年以来，世界经济复苏艰难，不稳定、不确定因素明显增多。国内经济发展进入新常态，经济增长动力、资源要素条件等都发生了较大的变化。目前，我国经济已由高速增长阶段转向高质量发展阶段。高质量发展是体现新发展理念的发展，是创新成为第一动力的发展。要推动高质量发展，必须加快新旧动能转换。2017年1月，国务院办公厅印发了《关于创新管理优化服务培育壮大经济发展新动能加快新旧动能接续转换的意见》，这是新旧动能转换首次被写入文件中并下发。2018年6月，习近平总书记在山东考察时强调，要切实把新发展理念落到实处，不断取得高质量发展新成就，不断增强经济社会发展创新力。

长期以来，山东省的经济发展主要靠高投资、高消耗、高污染、低效益“三高一低”的方式来拉动，目前，这种发展模式已经到了不得不转变的时候，山东省正处在由大到强战略性转变的关键时期。山东省第十一次党代会报告提出，把加快新旧动能转换作为统领经济发展的重大工程，着力强化创新驱动，推进制度管理创新，健全普惠的创新政策制度体系，加快推动政府职能从研发管理向创新服务转变等。

2018年1月10日，国务院正式批复了《山东新旧动能转换综合试验区建设总体方案》(国函〔2018〕1号)，同意设立山东新旧动能转换综合试验区。这是党的十九大后获批的首个区域性国家发展战略，也是我国第一个以新旧动能转换为主题的区域发展战略，标志着山东新旧动能转换综合试验区建设正式成为国家战略，山东将在全国新旧动能转换中先行先试、提供示范。

近年来，我们积极关注科技创新政策，围绕科技工作情况进行实地调研，旨在了解山东省科技工作现状，分析存在问题，提出对策建议。

本书共包括七章内容：

第一章介绍了科技创新与新旧动能转换的关系，旨在说明科技创新在新旧动能转换中的重要作用和重要支撑。

第二章介绍了政府科技创新政策的相关概念及理论。对科技创新政策影响企业研究与试验发展(R&D)支出的理论依据和作用机制进行分析，阐述政府科技创新政策与企业自主创新的关系。

第三章对政府科技政策工具进行了分析。政府科技政策可能对企业行为产生两种不同的效果，即激励效应和挤出效应，比较不同政策工具的主要特征可为下面的研究提供理论基础。

第四章对山东省科技创新的现状进行了分析。以数据为基础，把山东省的主要指标数据与江苏、广东、浙江等创新先进地区进行比较分析，梳理山东省区域创新的优势与不足。

第五章对山东省科技创新政策进行了描述性分析，对近年来山东省的科技创新政策进行了统计和总结。随着新旧动能转换工程的推进，山东省对科技创新政策也越来越重视，目前已经基本搭建起科技创新政策体系的架构，构建了“官产学研用”的科技创新平台，企业、政府部门、科研生产基地、高新技术开发区等都是山东省科技创新政策实施的作用对象，政策涉及的范围十分广泛。

第六章对山东省科技政策、企业研发与其绩效的关系进行了实证分析。重点研究了政府科技政策对企业 R&D 行为以及企业 R&D 行为对企业 R&D 绩效的影响，对政府科技政策、企业 R&D 行为及其绩效之间的关系进行了验证。实证分析结果表明，在不同因素的影响下，R&D 支出对公司盈利能力的作用不同。

第七章介绍了山东省新旧动能转换的科技政策对策建议。根据前期数据的分析，政府科技政策对企业 R&D 行为的激励效应大于挤出效应。因此，应继续加大政府对企业科技政策的支持力度，构建多元化的地方政府研发投入形式；探索适合地方政府的科技管理制度；发挥政府研发政策与企业的双重作用，提高企业的自主创新能力；利用政府科技政策，改变企业对技术引进的路径依赖。

陈晓红

2018年9月

目 录

第一章

山东省新旧动能转换中的科技创新

2015 年 10 月，李克强总理主持召开部分省(区、市)负责人经济形势座谈会，并提出“我国经济正处在新旧动能转换的艰难进程中”。2016 年 3 月 6 日，李克强总理参加十二届全国人大四次会议山东代表团审议时强调，要加快新旧动能接续转换。2017 年 1 月 20 日，国务院办公厅印发了《关于创新管理优化服务培育壮大经济发展新动能加快新旧动能接续转换的意见》，这是新旧动能转换首次被写入文件中并下发。2018 年 1 月 3 日，《山东新旧动能转换综合试验区建设总体方案》获国务院批复，这是我国地方性发展战略规划中首次使用新旧动能转换的概念，这也代表着山东省目前正在建设的新旧动能转换综合试验区已成为最新试点的国家战略，在我国新旧动能转换改革试点中山东省将会先试先行。山东省委、省政府于 2018 年 2 月 22 日在济南召开山东省全面展开新旧动能转换重大工程动员大会，动员全省各级各部门、广大党员干部以及各方力量，深入改革，创新思想，大力开展新旧动能转换的国家重点工程，建设经济文化强省。

第一节 新旧动能转换的含义

新旧动能转换是社会生产力发展到一定阶段的必然产物，概括地说，就是既要培育发展新动能，又要改造提升传统动能。因此，就要分辨出新、旧动能。我们说的新动能就是指新世纪科技创新发展中产业经济转型形成的新动力、新科技、新产能、新模式等。旧动能主要指传统动能，其中高排放、高污染的制造企业是主要方面，从更广泛的角度来看，传统动能还包括一般的企业经营模式下的第一至第三产业。新动能总是与科技创新联系在一起，而旧动能则代表了一些落后的产能、落后的技术等。

新旧动能转换既是挑战，也是机遇，2008 年金融危机之后，广东省痛定思痛，对过去粗放的经济增长方式进行反思，对传统劳动密集型产业进行转型升级，提出了“创新驱动发展”“转型升级”，并出台了一系列产业转型升级的政策，走上了一条广东省创新驱动发展之路。在推动新旧动能转换的过程中，山东省需要探索符合本省特色的路径，打造新的经济增长点。

第二节　山东省新旧动能转换实践

近年来，山东省经济增速逐年放缓，2012 年首次回落到个位数 9.8%，2016 年降到 7.6%。增速放缓的主要原因在于传统动能的比较优势正在减弱，而新动能尚未形成强力支撑。2017 年 4 月19～21 日，李克强总理在威海和济南考察。他希望在以习近平同志为核心的党中央的坚强领导下，山东省贯彻落实新发展理念，加快推动新旧动能转换，积极探索解决重点民生问题的改革经验，为巩固全国经济稳中向好势头提供重要支撑。之后，山东省委、省政府大力推动新旧动能转换。

2017 年 4 月 24 日，山东省委常委会召开会议。山东省委书记刘家义指出，落实好以习近平同志为核心的党中央对山东省工作的希望和要求，关键要抓住新旧动能转换这个牛鼻子，在转方式、调结构上下功夫。2017 年 4 月 27 日，山东省省长龚正主持召开省政府会议，提出以“四新”促“四化”，通过新技术等“四新”，实现产业智慧化等“四化”。2017 年 4 月 28 日，山东省召开了新旧动能转换重大工程启动工作会议，成立了由龚正省长任组长的新旧动能转换重大工程战略规划领导小组，下设推进办公室，由山东省常务副省长李群担任主任。山东省发展改革委编制完成了全省新旧动能转换实施规划，确定了先期储备项目 600 个，总投资 3.8 万亿元。山东省经济和信息化委员会组织各市筛选 1115 个重点项目，建成全省工业新旧动能转换重点项目库。

2017 年 5 月 5 日，济南市委、市政府召开新闻发布会，通报大部制改革的有关情况，提出筹建济南新旧动能转换先行区管理委员会。济南确定，对先行区搞好定位，坚持“世界眼光、国际标准、泉城特色”，结合济南的大数据、量子通信、智能制造等具有一定基础的高端产业做好产业发展规划，推动济南携河北跨。此外，青岛、淄博等其他 16 个市也都积极推进新旧动能转换。2017 年 7 月，淄博市政府出台了《实施新旧动能转换重大工程推进老工业城市和资源型城市产业转型升级示范区建设的意见》，召开动员大会，正式启动新旧动能转换重大工程。该意见提出，坚持传统产业改造提升和新兴产业培育壮大并举，重点改造提升化工、传统机械、建材、陶瓷等七大传统产业，培育壮大新材料、高端装备制造、生物医药、电子信息、新能源和节能环保等新兴产业，做强做优现代物流、文化旅游、现代金融三大现代服务业，积极构筑“753”现代产业新体系。2017 年 10 月，聊城市政府组织编制了《聊城市新旧动能转换重大工程总体规划》，提出实施传统产业转型升级工程、战略新兴产业倍增工程、产业融合工程、质量强市工程、人才兴市工程、园区提升工程。山东省委巡视组已经把新旧动能转换作为区县巡视工作的重点。目前，山东许多区县都正在开展新旧动能转换工作。

第三节 山东省新旧动能转换的科技创新支撑

企业是实施新旧动能转换的主阵地。但相较于广东、浙江、江苏等省(市)，山东省新旧动能转换工作还存在一些不容忽视的问题：规模企业占比少且增长缓慢，规模以下工业企业普遍存在竞争力不强、自主创新能力弱等问题，没有形成具有核心竞争力的完整产业链；新动能体量不够大，高附加值、技术先进的战略性新兴产业不仅企业数量少，而且规模也小，难与传统行业等量齐观；在项目结构方面，大项目、高新产业项目偏少，先进制造业领域重大项目储备不足，尤其缺少带动力强的龙头项目；民营企业数量众多，但企业家不多，尤其是缺少旗帜性企业家，在驱动产业转型升级、带动城市跨越式发展方面影响力有限；等等。

一是立足产业转型，提升新旧动能转换新动力。以制造业为例，制造业是国民经济的主体，寻找制造业新动能，是关乎我国经济社会发展长远目标实现的重大任务。从近几年的发展实践看，我国制造业的新动能蓄势待发，但主体仍然是新技术等对传统产业的改造升级。产业转型的一个重要表现就是新旧动能转换。

能否尽快确立促进中国经济发展的新动能,不仅直接影响全面深化改革的顺利推进,而且还关系到中国经济何时能实现高质量发展。

典型工业化国家的发展经验表明,随着人均 GDP 的增加,制造业从劳动和资源密集型产业向资本和技术密集型产业升级是普遍规律,只是上述行业达到峰值的时间有所差异。近年来,以美国、德国为首的西方发达国家先后制定国家战略,进一步推动制造业与互联网的深度融合。美国发布了《先进制造伙伴计划》和《加速美国先进制造业》,德国的“工业 4.0”战略、英国的“高价值制造”战略、法国的“新工业法国”战略、日本的“再兴”战略、韩国的“信息技术(IT)融合发展”战略等,无不将制造业与互联网融合发展作为重要着力点。国际制造业龙头企业都在积极谋求科技创新,也有越来越多的中小企业借助融合技术实现了创新转型。比如,2012 年 GE(通用电气公司)在印度普纳投资建设了一家高度数字化、柔性化的“多模式工厂”,把设计、产品工程、制造、供应链和分销整合成一个有凝聚力的智能数字链接,对机器和产品间流动的庞大数据进行分析优化,经过智能化设计后能够同时生产航空发动机、发电设备和油气生产设备及其零部件,显著提升了个性化定制产品的生产效率。

我国的制造业转型发展也取得了显著成效,制造业的数字化、网络化、智能化水平显著提高。潍柴动力股份有限公司由于创建了全球发动机协同研发平台,研究开发发动机所用的时间从过去的24个月缩减到18个月，研发时间缩短了1/3。三一重工股份有限公司引进智能服务平台，实时监管和操控全球20多万台设备的正常运转，近三年为企业带来20多亿元的利润。

二是立足板块经济，打造新旧动能转换新高地。以组团融合发展为重点，搭建新旧动能转换载体空间，实现城市载体支撑与产业推动“双轮驱动”，加快打造产城融合的高端发展平台，推进特色鲜明的产业高地，强化重点区域的示范带动，集聚高端教育、研发、人才等优势资源。

在经济新常态下，要贯彻落实新发展理念，实现新旧动能转换，需要在更大广度和深度上助力县域经济发展。山东省新泰市实施了高新产业“五个一批”计划，按照“突破一批关键技术、建设一批创新载体、引进一批人才(团队)、做强一批科技企业、形成一批高新技术企业集群”的发展思路，坚持政府推动与市场引导相结合、改造传统产业与培育新兴产业相结合、提升产业层级与延长产业链条相结合，加快科技型中小企业培育和壮大，全面提升企业自主创新能力、核心竞争实力和可持续发展潜力，推动高新技术产业化和传统产业高新化。开展了科技企业孵化器“1＋N”建设活动。其中，1就是建设省级开发区高创中心综合孵化器，N就是围绕新泰市产业布局建设一批专业科技孵化器，加快科技成果转化，形成新的经济增长点。近年来，在做大做强高创中心综合孵化器的基础上，新泰市围绕产业布局先后建设了盈丰汽车零部件、德鲁克起重机械、新易泰电子商务3个科技企业孵化器。由山东泰丰矿业集团有限公司承建的盈丰科技企业孵化器、山东德鲁克起重机有限公司承建的德鲁克起重机械科技孵化器，目前已通过泰安市科技局认定，新易泰电子商务孵化器也正在加紧建设之中。截至目前，新泰市科技孵化器孵化面积达到了15万平方米，在孵企业21家。新泰市这些特色产业优势明显、产业链半径合理、企业承载能力强、发展空间大，可以更好地聚集资源要素，促进周边地区和本县域发展。各个县域应该因地制宜、因业施策，立足产业转型升级需求，以企业的主体创新能力提升为核心，深入挖掘各种创新资源，制定相应措施和办法，形成具有自身特点的科技工作机制。

三是立足跨界融合，催生新旧动能转换新业态。立足县域优势产业和品牌基础，加快推进产业智慧化、智慧产业化、跨界融合化、品牌高端化，以“服务个性化、生产智能化、产品数字化”为导向，推动新旧动能转换落地生根。

依靠个性化量身定制模式，传统服装加工企业青岛红领集团有限公司2016年个性化定制的销售收入和2015年相比翻了一番。该公司以消费者的个性化需求和生产自动化升级为基础，建立数字化的定制工业化流水生产方式，大力发展“私人定制”的C2M商业生态，实现了产品定制、设计、制作、物流配送、售后服务全程数字跟踪，使企业生产效率提高30%以上，生产成本下降

30%左右,净利润达到25%以上。建立酷特智能,复制推广"个性定制"模式,在不需要更换机器设备、新建厂房、更换高素质员工的基础上实现中小企业转型升级,已跨界改造30多个行业70多家企业。航天云网通过平台为超过44万家企业注册用户提供工业软件、解决方案等服务,2016年平台总成交额达193亿元。

四是立足创新发展,激发新旧动能转换新活力。围绕"创新发展",以"双创"战略、科技创新、立体招商为手段,强化政策激励措施,充分发挥企业与创客在新旧动能转换中的重要作用,不断增强自主创新能力,积极推动科研成果转化为现实生产力,以创新促转型、增活力、提实力。在全球经济剧烈变动、人口结构改变及新科技加速变化等多种因素影响下,各国政府对创业的重视程度持续提高,各国为提升国家竞争力与就业机会,都积极出台鼓励创业的政策,扶植新创企业强化产业竞争力。很多国家加大了对学生创业创新的培养力度。例如,欧盟成员国从初等教育到高等教育都加入了创业观念。为了提高青年人的数字技能,扫除他们创业的技术障碍,17个国家已经在学校核心课程中引入了信息通信技术;16个国家提出在核心课程中介绍创业技能,或者要求学生通过创业技能考试。

在新一轮科技革命和产业变革的带动下,特别是在政府的大力推动下,新时代创新创业热潮正在我国呈"井喷式"涌现,有关创业的企业投资平台数量飞速增长,创业人员群体快速扩大。现阶段，创新创业在我国已经成为一道亮丽的风景线。新旧动能转换的契机成为激发创新创业、带动就业的驱动力量。依托充满活力的巨大市场和庞大的制造业体系，中国企业的创新能力不断提高。

《中国制造2025》提出"采取政府与社会合作的模式形成一批制造业创新中心，开展关键共性技术研究"，将国家制造业创新中心建设列为五大工程之首。这与日本的"整体网络方法"和美国的"合作创新"模式相似，但是中国模式着重强调面向共性技术的自主创新，通过将分散的创新资源和创新力量凝聚在一起，让更多的企业从创新成果中获益。2016年6月，国家动力电池创新中心成立，它以国联汽车动力电池研究院有限责任公司为基础组建，采取"公司＋联盟"的发展模式，按照市场化机制运行。这是中国首家国家级制造业中心，在创新体制机制改革探索中迈出的重要一步。而由行业骨干企业、科研院所和高等院校建立的非营利性创新组织——中国IGBT技术创新与产业联盟，自2014年年底成立以来积极发挥资源平台和桥梁纽带作用，积极探索产学研相结合的技术创新模式，先后参与工信部电子器件三年行动计划和IGBT行业标准的编制工作，为实现IGBT整个产业的国产化做出了很大贡献。

从山东省来看，也可以采用类似模式促进科技创新，激发新旧动能转换活力。山东省新泰市按照"一个产业一个研究院"的思路，统筹建设了一批产业公共创新服务云平台，主要用于破解产业发展中的技术难题，引领和带动产业转型升级；成立了新泰市科技创新服务平台。2015 年 1 月，按照“政府推动，优势互补，合作共建，互惠互利”的原则，新泰市政府与武汉理工大学正式合作成立了“新泰市武汉理工汽车零部件产业研究院”。该研究院自成立以来，已与企业签订研发协议 10 项，先后引进武汉理工大学设计制造、山东大学特种模具再制造等 6 个团队入驻，引进硕士以上高层次人才 69 人；举办专家讲座 2 期，培训企业技术人才 50 余人；孵化的威澳德模具再制造等 3 个企业全部投产；与山东国泰集团就拖拉机动力换挡技术、新能源汽车和锂离子电池电动汽车签订合作项目，与山东中扬机械有限公司签订起重机航车防摆系统和人才支持合作项目等，这些项目具有较高的技术水平、较强的市场竞争力，能够在较短的时间内做强做大，项目投产后可实现 10 亿元以上营业收入。

五是积极整合财政资源，支持新旧动能转换长效机制。把科技投入作为县级预算保障的重点，建立财政科技投入稳定增长机制。发挥财政支持科技创新的重要作用，坚持近期与长远相结合、基础研究与应用研究相结合，提高财政科技资金的使用效益，重点支持基础前沿研究、创新载体建设、高端科技人才和团队、全县域的重大共性关键技术研究。充分发挥财政资金的杠杆作用，综合运用股权投资、风险补偿、后补助等方式，支持有明确市场需求的技术创新活动，带动企业和社会加大科技投入，逐步建立多形式、分层次、全覆盖的研发投入体系。鼓励科技型企业利用资本市场发展壮大。对科技型企业上市挂牌加大辅导服务和奖励补贴力度，强化辅导培育，协助完善相关申报备案手续，变事后奖励为事前、事中补助，支持科技型上市公司通过再融资等方式募集资金增强创新能力。帮助符合条件的科技型企业到全国中小企业股份转让系统挂牌，推动“新三板”挂牌企业持续融资，扶持各类众创空间、孵化器内优秀小微企业在省内区域性股权交易市场挂牌展示，吸引天使基金关注。加强各部门与企业之间的工作衔接，注重财税、金融、投资、产业、贸易等政策与科技政策的配套。

第二章

政府科技政策的相关概念及理论

第一节　科技政策的内涵及其功能

一、R&D 活动

R&D 为 Research and Experiment Development 的英文缩写，一般译为“研究与试验发展”，简称“研发”。由于各个国家和机构的差异以及各国对于科技管理的不同，国家之间对于 R&D 的定义并不完全相同。经济合作与发展组织（OECD）在《弗拉斯卡蒂手册》中将 R&D 定义为：“基于一个系统而进行的创造性工作，旨在完善人类文明和全球知识库，并利用这一知识进行新的发明。"[1]美国科学基金会认为，R&D是企业、政府部门或者一些非营利性组织所进行的基础创造性工作，包括应用研究、工程理论、样机和工艺流程的设计和创新发展，但不包含质量监管、市场调研、推销服务以及地质勘探等。[2] 联合国教科文组织将R&D定义为："在科学技术领域中，为增加知识总量，以及运用这些知识去发明新的应用，发展新的技术而进行的系统性的创造性的活动。"[3]该定义也是借鉴《弗拉斯卡蒂手册》得出的。其中，R&D活动又包括基础研究（Basic Research）、应用研究（Applied Research）和试验发展（Experiment Research）三类研究活动。"基础研究"是为获取有关现象或者事实的基础理论或新知识而进行的具有实验性质和理论性质的研究工作，它的目的不是特定地去应用或者投入使用；"应用研究"则是为了新知识而进行的创造性研究，其目的是应用到特定的领域，它是用来检测"基础理论"研究成果可能的适用途径，也有可能是为了满足预期结果而采用的新方法或者新选择；"试验发展"是指基于"基础研究""应用研究"和现有的知识，为了创造新产品、新材料、新装备等，创建出新的系统、模型、服务等，还有对于自身产生的以上所提及的各类实质性

① OECD, *The Measurement of Science and Technology Activities*, Paris: Frascati Manual Press, 1994, pp. 7-8.

② National Science Foundation, National Funds for R&D by Source of Funds, Science & Engineering Indicators, http://www.nsf.gov/sbe/srs/seind02/start.htm.

③ 李杲、邢秋羽：《我国R&D核算现状与改进建议》，《统计与决策》2006年第10期。

改进所进行的系统性工作。这三类活动构成了 R&D 过程中相互影响、相互衔接的循环活动，如图 2-1 所示。[①]

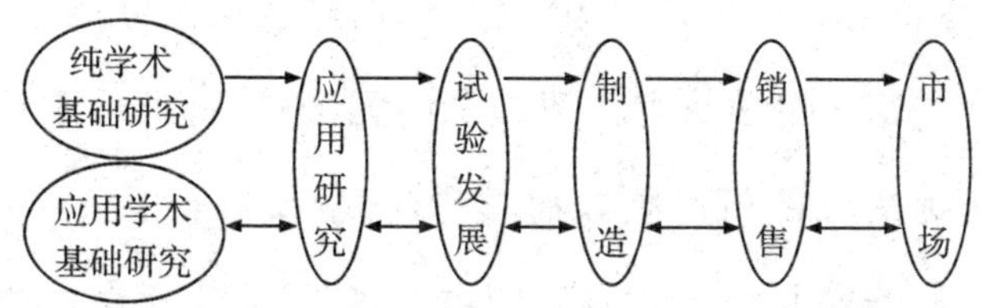

图 2-1 R&D 过程及关系

二、科技政策

就现阶段学术界关于创新和科技政策的研究来看，并没有对科技政策给出清晰的界定。总体来说，科技政策是指国家政府为影响或者改善科技创新发展方向、界限和规模而实行的相关政策总称。对于这一点，经济学家们并无争议。然而，一旦涉及科技政策的选择等现实问题，由于考察问题的角度不同，学术界和决策者都存在着分歧。大致说来，国内外学者在这个问题上至少存在着以下三种截然不同的看法：

（一）科技政策是技术政策与产业政策的结合

著名的欧洲技术创新研究专家罗伊·麦斯威尔持有这种

---

① 参见李丽青：《企业 R&D 投入与国家税收政策研究》，西北大学博士学位论文，2006 年。

观点。他认为，1975 年以前的西方国家不同程度地进行了一些投资补助、税收优惠、产业结构调整等产业政策，技术教育、专利、基础理论研究等科技政策。但是，两种政策是分散的，通过政府的相关部门单独执行。两者之间无法协商沟通，而且关注方向也因为决策部门的差异而具有明显分歧。[①] 从 1975 年以后，西方的发达国家在市场经济政策制定过程中逐渐关注技术创新政策的制定。这反映了一个普遍的现象，即相信政府在促进产业技术创新方面能部分解决许多重要产品的市场不景气现象，相信政府能够影响能源的成本，这是解决当时经济衰退周期的手段。在定义技术创新，包括从发明到市场的所有过程时，技术创新政策也是从研究到市场，甚至到保存的整个活动的政策。因此，技术创新政策可以从技术政策和产业政策两个方面来界定。政府促进技术创新的政策是多种多样的，旨在满足政策目标的工具也是多种多样的。国内一些学者也接受了这一观点。例如，夏国藩认为，技术创新政策通常是科技政策和产业政策的结合，是可以从正面或侧面影响技术创新的政策。[②] 1970 年以前，技术创新政策和措施大多是间接的。20 世

---

① R. Rothwell, "Public Innovation Policy: To Have or to Have not?", *R&D Management*, 1986, 16(1): pp. 25-36.

② 参见夏国藩：《依靠技术创新是科技成果产业化的最佳选择》，《中国科技产业》1994 年第 11 期。

纪70年代以后，西方的技术创新政策更加明确，“技术创新政策”这一概念在政府政策文件中越来越多地显现出来。

（二）科技政策是一个综合性的概念

一些欧洲学者们认为，政策的创新是一个超前的构思，涉及企业、互联网、产业以及全部经济的创新追求。创新是一个过程，涉及技术和信息在多部门之间的流动，包括各种规模的企业，公共、私人研究机构之间的流动，技术创新政策的主要目标是帮助这种互动。因此，技术创新的政策不同于“科学”的政策（科学和科学家是创新的主要焦点），也不同于“技术政策”（主要是支持、扩大和推广技术的发展），还不同于军事领域和环境保护领域的科技创新政策。但它们之间也有很多重叠。这是因为一些国家使用“研究”和“研究政策和技术政策”等词的模糊划分，使用“工业”和“教育”政策影响许多类似的问题，而且更为复杂。尽管如此，我们仍然非常注重创新而不是科学或技术政策。创新不仅涉及技术问题，而且还涉及许多组织和管理问题。技术转移是技术创新的重要组成部分，但有效的创新远远不够。因此，创新政策是一个意义更广的概念，因为技术创新包含了技术、经济、生产、创造、管理和销售等诸多方面，从发明到商业化，政府对技术创新的影响方式有很多种。除此之外，技术创新从某方面来说也是一种内生经济观念，技术创新行为在很大程度上受政府行为的影响。

(三)科技政策是政府经济政策和科学技术政策相互协调的产物

OECD在1982年召开的国际会议上提出:技术创新是在某一特定的经济状况下研究、分析、改善、应用新科技的烦琐过程的成果。在它们看来,政府部门在科技政策制定上的目标集中在创造出适合技术创新的外界环境以及适应新技术的各种条件。

在日益激烈的国际竞争形势下,政府要激发创新活力,必须在知识的产生和扩散之间进行分配,并支持竞争技术,如知识生产、分配和消费等各个环节。美国学者巴托克也认为:高新技术的发展在很大程度上是有益的,政府在发展中起着重要作用。但政府在作出决定时能否摆脱传统因素的束缚,目前还不清楚。政府仍然受制于有限的、适度的、相对严格的约束规则——另一种受市场监管的方式。这并不是说,像往常一样,政府反对市场,政府和私营部门都可以在市场上采取行动,政府可以影响,但不能否认市场的作用。[①] 根据这一观点,可以将国家技术政策工具分为五类。第一,财政政策。研发是重要的创新源泉,可对创新起到一定的作用。因此,各国政府都会对科技创新或研发,特别是基础研究提供财政支持,以增强创新的势头。财政政策可以分为

---

① 转引自冯之浚:《国家创新系统的理论与政策》,经济科学出版社1999年版,第221~223页。

两类:研发补贴和税收激励。研发补贴主要是针对某一特定企业,特别是高新技术企业的研发活动;税收激励主要是对高新技术企业从事的活动提供的非歧视性税收优惠,所以它是一个间接的政府资助形式。第二,金融政策。金融政策有利于刺激创新活动,着力解决创新风险,解决新创立科技企业的融资问题。除了常规贷款计划外,还要特别注意建立新的风险投资机制。风险资本以长期股权投资的形式提供给企业的设立、扩大和收购活动,分担创业与创新的风险,促进高新技术产业化。第三,政府采购政策。政府采购会影响创新的方向和速度,它可以有效地降低创新企业进入市场的风险。采购政策通过价格、数量、规格和交货日期等影响创新产品和企业,政府采购实施的主要目标是处于产业生命周期初期的企业。政府采购必须有严格的技术标准,采购的形式包括订单预付款、略高于成本的价格收购等。第四,中小企业政策。中小企业一般都不是国企,大多为民营的科技企业,它们是更加积极创新的群体。中小企业的优点是就业岗位多,具有较强的创新能力,这些通常会是新的经济增长点。所以应当扶持中小企业创新发展,具体措施有政府融资补助、风险投资、项目扶持、诚信担保等。积极推动中小企业在创新发展中形成战略合作关系。第五,产业政策。借助产业政策主要是提高技术产业的发展、实现传统知识体系的有效管理。不过真正有利于创新的产业政策并不仅仅是利用来挑选出企业的成功者,而是建立起一个良性竞争市场,完善创新合理的市场价格机制,从以产业补贴为主转向更重视负面清单制度。

一般而言,工业化国家倾向于利用国内政策和财政政策来影响科技政策。而日本和发展中国家则倾向于使用贸易政策工具,这些国家的进口替代政策占有重要地位,同时对外国直接投资资本实施严格管理,包括汇率政策、资本市场政策等。英国学者库姆斯等人认为,政府参与技术进步可分为技术促进政策和技术管制政策,这些政策以多种方式相互作用。因此,技术创新政策可以进一步分为直接政策和间接政策。①

因此,政府的科技政策就是推动科研成果从科研机构流向工业部门。这表明,科技政策还是为了商业价值。从狭义方面来说,科技创新政策是科技成果商业化的有关政策,并不关乎科技提供的成果、质量和起源等。从这方面来看,科技创新政策其实就是企业政策。其作用主要是利用科技成果的规模、速度和方向等方面的行为。广义的科技创新政策还涵盖了推动科技成果转型的技术创新政策,影响科研成果供给的进度和范围,如研发活动、国际技术转移活动的技术和其他活动。事实上,这两个方面相辅相成。一方面,科技成果商品化是一切研发活动的最终目的。任何科学

① 参见[英]R. 库姆斯、[英]P. 萨维奥蒂、[英]V. 沃尔什:《经济学与技术进步》,郑易生等译,商务印书馆 1989 年版,第 59～60 页。

研究活动,如果不能对人类的物质文明和精神文明做出贡献,这种研究就没有前途,因而没有生命力。另一方面,科技成果供给的规模、速度和方向在很大程度上决定了技术创新的速度、规模和方向。没有充分的科技成果供给,技术创新就等于零。因此,从根本上说,科技政策的核心功能是形成一个良性循环之间的技术供给和技术的应用,为国民经济稳中向好的发展打下坚实的技术基础。

三、科技政策的作用

通过适当的政策设计或战略安排,政府可以调动更多和更广泛的创新资源,实现公共、私人创新投资的协同与结构优化,使得技术创新不断向社会最优水平接近。创新政策或战略已经成为许多国家提高企业创新能力、增强产业竞争力、促进经济增长的重要手段。同时,对政府科技政策所起的作用应该客观分析,既要重视科技政策的资源配置、消除市场失灵等作用,同时也要看到科技政策的局限性。

如果在一个完全竞争的环境中,包括科技资源在内的一切资源,都可以根据市场规则实现优化配置,即科技资源的供方可以按照市场价格“出售”,或提供任意数量的科技产品,而需方则可以以既定的市场价格“买到”任意多的科技产品。在这种理想的条件下,政府干预作为一种资源配置手段,没有任何价值。然而,市场却是不完全的,总存在“失灵”问题。这就需要政府干预。因为科技活动有别于一般的经济活动，其产品都有“公共物品”性质，科技活动主体不可能完全管控，甚至是独占它所带来的利益。从这一方面来说，仅仅依赖市场不可能完成科技资源的优化配置。

在发展现代科学技术时政府能够做些什么呢？“水能载舟，亦能覆舟。”错误的政府政策使得日本在后来的数字技术中出现了重大失误。1976～1979年，为了赶上美国，日本政府集中组织国内最大的半导体制造商，共同组建规模巨大的集成电路研究机构，相应的政府部门也给予了足够的政策和资金扶持。因为集中投资资金和人力，结果在1980年日本先于美国发明了64KB的内存，后来研发的256KB内存比美国早两年，占全球市场70%的份额。到了1986年年末，在全球市场中日本的半导体产品占据了45.5%的份额，真正成为世界上半导体生产商之最。在半导体行业的发展鼎盛期间，日本政府推行“行政指导”，安排大量的人力资源在1986年成功研发出最新的高清晰度电视（HDTV）体系，1991年正式启动高清电视节目的播放。在这段时间里，美国人尽一切可能研究视觉技术、数字高清电视的发展以及数据压缩、有关解压的相关技术，技术研发成功后可以实现一个频道输出10多套电视节目。结果可想而知，美国取代了日本的第一宝座，使后者在模拟高清电视上投资了20年的成本一去不复返。这一次的政府策略失误让日本经济损失惨重，技术水平停滞不前。电视、网络以及移动终端的完美结合，“三网一体”的实施形成了一个完整的宽带网络系统，使美国拥有了多媒体产业的霸主地位。

到底是什么原因造成日本通产省在不同时期产业发展的“行政指导”成果发生如此大的变化呢？吴敬琏指出，问题所在是“赶超”时期的不同。在刚开始的企业发展中，日本走的是发达国家的老路子，此时政府部门有着相当完善的信息。政府可以发挥民间所无法达到的力量，比如调动人力资源支持等，因此此时的“行政指导”就会比较容易成功。但是当走过了那些老路子，日本需要自己独创出来一条新路时，政府就失去了所具有的信息优势。作为国家政府，此时所需要的信息就不及那些民间机构的信息清晰有用；但是政府依然负责组织管理高新技术部门研发，多少会限制人才的个性创造，进而导致日本失去和美国争夺信息产业的主导权。①

政府应改变行为方式，不再直接投资去搞企业。但可以也必须为科技创新创造良好的外部条件。

第二节 政府科技政策的理论依据与演进

一、新古典经济理论

新古典经济学派指出，政府部门出台的科技政策的合理性由

① 参见吴敬琏：《制度高于技术》，《中国中小企业》2015 年第 5 期。

技术创新过程中出现的“市场失灵”决定。关于“市场失灵”来源有三:其一是技术知识的共有产品性质。尤其当研究的基础成果是标准的公共产品时,如果通过市场机制依靠私人企业来投资,那么结果只会是资金不足。其二是创新的利润不具有独占性。当从事技术创新的企业在产品中获取的利润小于带给社会的利益时,其就会失去私人独占性。其三是科技创新带来的外部性。新古典经济学家们针对“市场失灵”给出的解决方案是:通过政府减轻税收、下调贷款利息等资助方法,维护专利和知识产权、完善技术标准制度,以此来防止“市场失灵”。

从 Nelson(1959)①、Arrow(1962)②等学者的文献中还可以看出,新古典经济学对技术创新“市场失灵”的认识主要依据就是对基础研究的分析,他们指出,“市场失灵”最有可能发生在基础研究中,且政府应该干涉基础研究的技术创新工作。政府应重点扶持大学或者研究机构。纳尔逊提出:“资本主义制度在保留产业技术创新存在利润的动机时,政府通过扶持大学及研究机构,使得新技术可以公有化,从而减少私有化带来的经济损失。所以说资本主义的创新保护制度虽然不能说是最优解决方案,但是也还

---

① R. R. Nelson, “The Simple Economics of Basic Scientific Research”, *Journal of Political Economy*, 1959, 67(3): pp. 297-306.

② K. J. Arrow, *Economic Welfare and the Allocation of Resources for Inventive, the Rat and Direction of Inventive Activity*, Princeton: Princeton University Press, 1962, p. 5.

能接受。”[①]新古典经济学又提出，基础研究不同于其他类的研究，如基础研究的目的不是应用于市场，它不具有专一性，而是更注重基础和普遍的性质，考虑到这一点，基础研究的费用应当由政府承担。但是在1950年以后，随着科技的飞速发展，高新科技的研发也发生了转变，其原因就是研发活动本身就会促进经济增长。

二、技术创新理论

熊彼特第一次明确地解释了技术创新与经济增长和经济周期的关系。他认为，技术创新在经济发展过程中的作用表现在以下方面：首先，创新促进了经济增长。他认为，技术创新在经济发展中起着至高无上的作用。创新简单来说就是把生产要素和生产条件重新组合投入到生产中，企业家则把创新融入到“新组合”中。而这种“新组合”的目的是获得垄断利润和未来可期的收益。为了获得垄断利润或超额利润，企业家不断地将科学技术发明等“新组合”引入生产体系之中，这种创新带来的超额利润会吸引其他企业家纷纷效仿，使技术创新实现扩散。这会引发更大规模的创新浪潮，从而实现经济增长。在创新浪潮到达顶点后，企业家的超额利润会逐渐递减，从而使经济增长停滞，当出现新一轮创新时，经济将继续增长。其次，熊彼特认为技术创新会导致周期

① 理查德·R. 纳尔逊：《美国支持技术进步的制度》，G. 多西等：《技术进步与经济理论》，经济科学出版社1992年版，第380～401页。

性的经济波动。因为在创新过程中的非连续性和非均衡性，会导致不同的技术创新对经济发展的影响范围和程度、影响时间的长短等是不同的，由此形成不同的经济周期。他以重大的创新为标志，划分了三个长周期。第一个长周期是从 18 世纪 80 年代到 1842 年，是“产业革命时期”；第二个长周期是从 1842 年到 1897 年，是“蒸汽和钢铁时期”；第三个长周期是从 1897 年以后，是“电气、化学和汽车时期”。在每个长周期中仍有由中等创新所引起的中周期，在每个中周期中还有由小创新所引起的短周期，这几种周期是并存和相互交织的。熊彼特认为，从企业家将技术创新引入生产体系，到技术创新蓬勃发展，再到技术创新达到顶点，整个经济发展会经历繁荣、衰退、萧条和复苏等周期。之后又会在新的技术创新的引领下，再一次经历这种繁荣—衰退—萧条—复苏的过程。这一理论将经济的周期性归因于科技的创新发展，但由于科技创新无法一直不间断地发生，因此定然会出现经济的周期性变化。①

三、制度创新理论

熊彼特在用创新理论解释经济增长和经济周期时，就提到了许多有关制度的问题，可是他并未对制度创新作进一步的阐释。再后来，有些经济学家就把熊彼特的“创新”理论和制度派的“制

① 参见[美]熊彼特：《经济发展理论》，邹建平译，中国画报出版社 2012 年版，第 16～26 页。

度"理论结合,发展出了创新理论。代表人物有兰斯·戴维斯和道格拉斯·诺斯等。这些学者运用新古典经济学和比较静态均衡方法的一般均衡理论,系统分析了技术创新的外部环境,认为"因为技术创新带来的个体收益和社会收益的较大差距,要想改进技术并持续发展下去,唯有建立起一个可以激励众人创新的产权体制,以此提高个人收益"①。

制度创新影响技术创新,好的制度将会促进技术创新的发展,不好的制度安排将阻碍技术创新,使技术与各种要素不相匹配。道格拉斯·诺斯通过对欧洲各国经济发展的分析得出,有效率的经济组织是经济增长的关键,而要使经济组织有效率,就需要作出合理的制度安排。② 当然,制度创新学派也认为技术创新对改变制度安排具有较大的影响,会使收益和成本发生变化,技术创新可以从制度设计中找寻潜在利润,也可以降低制度设计过程中的成本,从而使不同制度下的企业和组织产生巨大差异。例如,美国的硅谷与128公路地区发展差异的原因,不在于技术创新的资金、人才,而在于促进技术创新的制度环境和制度安排。

兰斯·戴维斯和道格拉斯·诺斯认为,市场规模和生产技术

---

① [美]兰斯·戴维斯、[美]道格拉斯·诺思:《制度变迁与美国经济增长》,张志华译,格致出版社2018年版,第81～82页。

② 参见[美]道格拉斯·诺思:《经济史中的结构与变迁》,陈郁、罗华平译,上海人民出版社1994年版,第126～129页。

的转变都会使相关系统的成本和利益发生改变。比如,市场规模以及交易额度的增加,就会令营销管理制度下的成本增长减缓,技术创新会淘汰部分工作,但也以其他形式或者在其他地方提供新的工作机会,而且也会让那些复杂但又合理的制度更具有作用。它们会让某些群体产生渴望创新的需要,进而得到更多的利益。但有一些因素会制约制度创新,使制度创新出现滞后的现象。这些因素主要包括制度设计的成本,现有的知识积累,实施新制度的预期成本,法律规章、现有制度,公众的意识,居于支配地位的上层决策,预期收益,等等。例如:现在的法律法规还有很多的限制,为了实现制度创新就要适度修改或者废除掉一些法律;当市场规模很小时,交易的固定成本很高,当市场规模扩大时,交易量增加,交易的固定成本被摊薄,制度创新的成本障碍就小了。戴维斯和诺思曾以 19 世纪美国州政府公司一般法的创立论述了这个道理。由于现存法律的限定,新制度代替旧制度需要一定的时间,且制度创新是一个困难和长期的过程,所以制度创新有时会延迟和滞后。[①]

制度深刻影响着创新的发展。它包括规定、准则、法律、标准和惯例,它们共同形成了群众生活关系的标准体系,是人们行动的准则,规定着人们之间的关系。吴敬琏曾在《制度高于技术》一书中提

① 参见[美]兰斯·戴维斯、[美]道格拉斯·诺思:《制度变迁与美国经济增长》,张志华译,第 33 页。

到,制度安排是影响创新发展的中坚力量,可以有效地推动技术发展。

制度创造了技术发展所需的社会环境和人文氛围。经调查研究发现,物质资本的数量并不是决定高新技术研发和国家地区良性发展的重要因素,而是人力资本的质量,而人力资本的质量与组织结构和传统文化的社会制度关系密切。在美国有两个最主要的新兴技术产业领域,分别是128公路地区和硅谷,虽然128公路地区有些地方和硅谷的科技发展类似,都在同一个舞台上大放光彩,但是两者之间还是有很多差异,主要表现为后者还在进步,但前者却已经停滞不前了。而导致出现这一现象的主要因素就是两者的文化、制度和环境氛围不同。硅谷的合作与竞争,以及与其他要素相结合的制度环境是硅谷公司快速发展的重要因素,这是硅谷与128公路地区最大的不同,也是硅谷蓬勃发展的秘诀所在。

制度创新体系不代表现阶段所有的制度都会根据时间的不同进行技术创新。制度只是影响着创新,但具体是积极影响还是消极影响,要根据时代来定。因为技术体制的独特性以及在技术上升的不同发展阶段,不同制度体系对创新的影响是不同的。为了保持创新,制度必须改变。所以要努力开展制度变革,创建出利于高新科技研发的相关制度。唯有制定了所需的制度,才能有效地促进科技创新。

整体来看,制度创新理论认为,企业的技术创新还需要政府的扶持，但是，技术创新学派没有深入研究 R&D 过程中政府应如何支持的问题。

四、国家创新体系理论

1978 年，英国的弗里曼教授提出了“国家创新系统”的概念，他通过对不同国家发展速度的不同思考而提出了国家创新系统学说，分别从制度结构和产业结构角度解析了国家政府干预的重要性和创新的系统性，并基于日本技术政策和经济绩效的研究基础提出了自己的国家创新系统理论。他分析了日本在科技落后的状况下，将科技创新作为主要发展目标，同时辅助组织和制度创新的改革，而这些努力在短短几十年里就看出了成效，使国家的经济出现了突飞猛进的发展，一并使日本成为了工业大国。其中教育、政策、培训以及社会创新等因素的相互作用极大地促进了日本的技术创新和经济发展。他将国家创新体系的概念定义为：公共部门和私有部门之间形成的网络，其活动对新技术有引入、启动、改进和扩散等作用。[①] 弗里曼在相关理论中第一次将政府技术创新政策独立地看成创新的一个组成部分，他认为，国家的社会经济模式调整能力可以在很大程度上左右科技创新的成功率。[②]

---

① 参见伍虹儒：《区域创新系统测度分析与比较研究》，西南财经大学出版社 2015 年版，第 5 页。

② 参见弗里曼：《日本：一个新国家创新系统》，G. 多西等：《技术进步与经济理论》，经济科学出版社 1992 年版，第 402～424 页。

国家创新体系理论不仅突破了新古典经济学的局限性，同时打开了技术创新派将政府的科技政策仅仅定位于企业技术创新过程这一单个方向的缺口。我国的创新体制表明，科技政策不但能够用不同的手段改变创新过程，还能帮助依赖创新的大学和科研机构更好地发展，政府颁布的科技政策将会发挥企业的技术学习、传播等子系统作用。

国家创新体系理论认为，政府有责任资助企业的 R&D 活动，推动基础研究成果面向世界。第二次世界大战结束后，越来越多的西方发达国家意识到政府应当督促产业技术的创新发展，而且需要转换扶持对象，提高对企业的研发投入。

第三节 政府科技政策与企业的 R&D 投入

世界上的各个国家和地区都在不断地加大科技投入，根据 OECD 秘书处统计，在 OECD 成员国中，政府的 R&D 支出占全国 R&D 支出的比重基本上稳定在 30%左右，企业每年研发经费支出中的 8%～10%也是由政府提供的。[①] 政府科技政策是排挤企业研发支出（挤出效应），还是促进企业研发支出（杠杆效应）

① D. Guellec and Bruno Van Pottlesberghe De La Potterie, "The Impact of Public R&D Expenditure on Business R&D", *Economics of Innovation and New Technology*, 2003,12(3):pp. 225-243.

呢？研究这个问题的意义体现在：倘若两者大致上具有杠杆效应，那么为推动企业技术创新，则要提高政府的研发投入；反过来，就要减少政府预算。

一、政府科技政策的杠杆效应

政府在经济发展的不同时期扮演着不同的角色。随着经济的发展，科技的投入逐渐从政府转向了企业。但这并不代表着政府已经退出了这个舞台，政府的科技政策仍积极影响着企业的科技发展，这就是我们提到的杠杆效应。

杠杆效应集中体现在利用政府投资的基础性研究、前瞻性研究，为企业的研发活动奠定基础，减少企业 R&D 的成本和投资风险，这有利于提高企业的 R&D 投入，带来技术投资的提升。

市场经济使得企业之间竞争激烈。根据熊彼特创新理论的技术推动模式，企业要想获得巨大的利润，其最主要的驱动力就是技术创新。可是科研发展倘若全权交由市场决定，由企业自由确定研发投入，将会造成整个研发投入系统的混乱，形成资源重叠，导致整个研发投入低于社会最佳水平。而这就被称为“市场失灵”。由于 R&D 的成果在消费市场上具有非排他性，在收益上没有独占性，因此企业在投资 R&D 活动时可能会造成企业利益小于社会收益。另外，如果企业的研发经费来自对外融资，那么就会使得企业的研发成本提高，导致 R&D 资金供给不足。所以这也是政府科技政策存在的原因。

从宏观调控方面来讲，政府科技政策改善了“市场失灵”，完善了科技投入体系。政府科技投入不仅体现为投入数量的增加，而且还表现在其填补了企业研发投入的空缺，涉足了企业不愿投入的领域。例如，政府科技政策对企业不愿投入的基础研究以及大型的工程项目进行研发，电子碰撞机、社会公益性科研、国防科技、应用技术开发的综合性技术、针对产业导向的关键性技术联合研究都属于这类。政府推动企业的研发投入主要表现在提高企业的自主创新能力上。直接政策支持有研发资金支持、弥补科研经费不足等，间接政策主要是通过科研的纵横向关系增强企业的科研能力，这样可以从不同层次加强企业整体的技术研发能力。

政府科技政策不仅有财政方面的直接资金支持，在税收优惠中也能发挥杠杆效应。比如说，政府可以出台税收优惠政策，在企业纳税所得额中加计扣除企业研发活动经费，以此可以使企业少缴税，从而带动企业的研发投入。

总之，可以通过政府部门出台的各类科技政策，形成研发投入的示范效果。依靠政府科技政策和税收优惠政策推动企业的科研投入，以此来加大社会的研发投入规模和范围，以政府科技政策为支点，像杠杆一样撬动全社会的投入。

二、政府科技政策的挤出效应

政府科技政策刚出台时的研究主要体现在对企业研发投入的影响上，但是却没有注意到政策的挤出效应。也就是说，政府科技政策在一些地方的投入增加会使企业的研发投入下降。

挤出效应指的是当政府的公共资金直接取代企业的 R&D 投入时，尤其是在政府和企业的投入领域间没有明确划分的情况下，政府的公共资金扶持了某些企业中没有政府资助而开展的项目，那么公共的科技费用增加会导致企业的 R&D 投入降低。也就是说，政府的科技投入提高会带来对研发资源的需求加剧，但是短时间的研发资源（如满足要求的科研人才）不具有弹性，研发资源的价格上升会导致企业将 R&D 的资金用到其他途径，进而形成挤出效应。

典型的测量政府科技资助对企业的 R&D 影响的计量经济学方法是对企业 R&D 投入与政府科技资助进行回归分析。① 由于采用的研究方法、变量、样本大小、研究时间、数据来源等不同，实证研究结论尚未统一，具体见表 2-1。

---

① P. A. David, B. H. Hall and A. A. Toole, "Is Public R&D Complement or a Substitute for Private R&D? A Review of the Econometric Evidence", *Research Policy*, 2000,29(4-5): pp. 497-529.

表 2-1 部分国外的政府科技资助对企业研发影响的实证研究

作者	来源	样本数	被解释变量	解释变量	控制变量	方法	结论
Hamberg (1966)	美国	8×20	R&D支持/总支出	政府合同/资产	规模、折旧、投资、滞后R&D支出	OLS等	混合
Howe (1976)	加拿大	6×44	R&D支出	政府研发资助	规模、利润、折旧等	OLS	混合
Shrieves (1978)	美国	441	log（R&D雇员）	政府研发资助	规模、技术机会等	OLS	替代
Higgins等 (1981)	美国	174	企业研发	政府研发资助	利润/销售、红利等	OLS	替代
Wallsten (2000)	美国	81	R&D投入	小企业创新研究(SBIR)计划资助数量、研发资助	时间、规模、R&D支出、产业和地区虚拟变量	OLS等	替代

续表

作者	来源	样本数	被解释变量	解释变量	控制变量	方法	结论
Link (1982)	美国	275	R&D/销售	政府研发资助/销售额	利润/销售、红利等	OLS	互补
Antonelli (1989)	意大利	86	R&D投入对数	政府研发资助/R&D	规模、利润等	OLS	互补
Busom (1999)	西班牙	147	R&D投入	政府补贴、贷款计划	规模、专利、出口比例、产业变量	OLS	互补
Czarnitzki等 (2001)	德国	2541	净创新密集度	五年资助之和/销售	雇员、地区、出口产业和多样化	OLS	互补
Laul (2002)	以色列	180	企业R&D支出	政府研发资助	产业特征、人员大小、销售、时间等	OLS	小企业互补
Lee等 (2003)	韩国	515	企业R&D支出	政府研发资助	企业规模、现金流等	OLS	互补

注:OLS表示最小二乘法回归。

资料来源:程华、赵祥:《企业规模、研发强度、资助强度与政府科技资助的绩效关系研究——基于浙江民营科技企业的实证研究》,《科研管理》2008年第2期。

第三章

政府科技政策工具分析

为优化配置 R&D 资源，弥补 R&D 活动中的“市场失灵”，促进国家的创新能力和竞争力，很多发达国家会制定科技政策。这些科技政策总体可以分为财政激励政策、政府采购政策、风险投资政策和专利政策等。其中的财政激励政策主要体现为政府科技支出，包含直接和间接的资金扶持工具。

第一节 财政直接资助政策

一、财政直接资助政策的含义

政府的财政直接资助可以由财政拨款和无息预付款两种渠道直接扶持企业或者研发机构，以此来帮助企业技术创新的发展，激励企业加大研发投入。政府也会直接投入资金来鼓励企业科技创新，而投入范围、规模、方向、力度等都能直接体现国家的发展意图。各国资助科技创新活动的形式主要表现为政府财政资金的投入。例如，美国政府对波音公司开发“超大型客机”的 R&D 补贴。

诸如此类的政策工具一般都是政府向企业或者科研机构提供研究经费、法人担保、政府贴息等，比如我国创建的中小企业技术创新基金、美国 SBIR 计划等。OECD 的专家们研究其成员国技术创新的数据后得出，如果向企业投入 1 美元的政府资金，就会带动企业 1.7 美元的 R&D 资金增长，政府的资助作用会跟随总量的变动而变：资助效果先是增加，当资助金额占全部研发费用的比例达到某个极值后，作用效果就会降低（见图 3-1）。在研究的 17 个国家中，它们的平均极值是企业 R&D 资金的 13%。[①]

---

① Guellec and Bruno Van Pottlesberghe De La Potterie, “The Impact of Public R&D Expenditure on Business R&D”, *Economics of Innovation and New Technology*, 2003, 12(3): pp. 225-243.

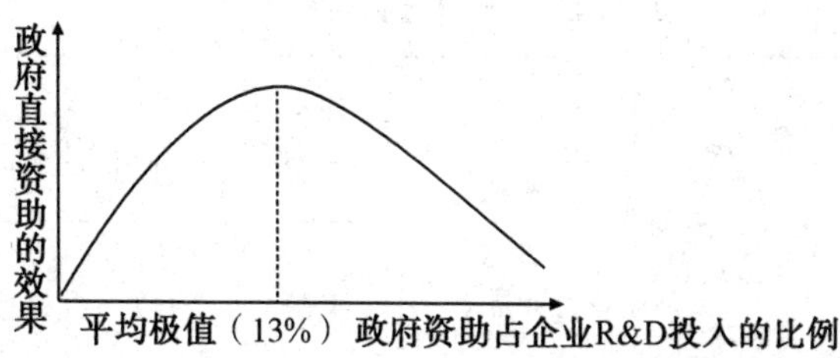

图 3-1　政府直接资助对企业 R&D 投入的效果

财政直接资助对象包括公共科研机构和企业，但是政策目标和影响效果存在差异。首先，扶持公共的科研机构（包含高校和科研机构）R&D 活动，目的就是填补"市场失灵"带来的 R&D 产品空缺和投入不足，因为 R&D 活动产生的技术挤出效应，可以有效地降低企业投资风险，提高研发效率，以此来提高企业的研发投入。然后，扶持企业的 R&D 活动，主要表现形式是为企业创建平台、政府采购等政策工具，委托企业研发或对于企业的研发活动提供政府津贴，进而避免企业的 R&D 成本提高。动用各种经济资源促进企业开展符合科技发展方向的科技创新，有利于提升国家的科技水平，迅速提高国家战略技术竞争能力，提高生产效率和产量。

国外有许多学者研究了直接资助政策的绩效，但研究结论不完全一致。总的来说，从宏观上看，基本认为政府直接资助有助于企业的研发投入，政府和企业之间的研发投入存在互补效应（见表 3-1）。

表 3-1　　西方科技政策绩效评估研究汇总

研究角度	研究者	资助期间	样本来源	样本数（个）	净效应（价格弹性）
微观层面	Shrieves (1978)	1965 年	美国	411	替代(−0.53)
	Carmichael (1981)	1976～1977 年	美国	46	替代(−0.08)
	Higgins 等 (1981)	1977 年	美国	174	替代(−0.13)
	Lichtenberg (1984)	1967 年 1972 年 1977 年	美国	991	替代(−0.22)
	Wallten (2000)	1990～1992 年	美国	398	替代(−0.8)
	Holemans 等 (1988)	1980～1984 年	比利时	59	互补(0.36)
	Antonelli (1989)	1983 年	意大利	86	互补(0.31～0.37)
	Busom (1999)	1988 年	西班牙	147	互补(0.2)
	Toivanen 等 (1998)	1989 年 1991 年 1993 年	芬兰	133×3	大企业替代，小企业互补

续表

研究角度	研究者	资助期间	样本来源	样本数	净效应（价格弹性）
宏观层面	Levy 等（1983）	1949～1981 年	美国	33	互补（0.21）
	Levin 等（1984）	1963 年 1967 年 1972 年	美国	20×3	互补（0.12）
	Levy（1990）	1963～1984 年	9 国	9×21	5 国互补， 2 国替代
	Czarnitzki 等（2001）	1996～1997 年	德国	542	互补
	Guellec 等（2000）	1986～1996 年	OECD	199	互补（0.7）
	Lach（2002）	1990～1995 年	以色列	325	小企业互补

资料来源：程华：《直接资助与税收优惠促进企业 R&D 比较研究》，《中国科技论坛》2006 年第 3 期。

政府对企业 R&D 的直接资助，使企业的 R&D 成本降低，但从价格弹性角度来讲，会挤出部分私人 R&D 投资。Mamuneas (1996)[①]测算的美国制造业 R&D 投资的价格弹性是：纺织服装

① T. P. Mamuneas and M. Nadiri, "Public R&D Policies and Cost Behavior of the US Manufacturing Industries", *Journal of Public Economics*, 1993, 63(1): pp. 57-81.

业为－1，木材、食品、家具及其他制造业为－0.94。这与 Hines (1991)[①]测算的价格弹性是－1.2，Hall(1992)[②]测算的价格弹性是－1 的结论相近。低技术密集度的产业一般挤出效应大于 1，而高技术密集度的产业，如机器、电子设备、运输、科学仪器等，由于存在着比较刚性的 R&D 预算，所以政府科技政策和私人 R&D 投资的替代性较弱。

政府部门可以决定科技政策项目、扶持企业的有关制度，但是不能有效地规避寻租现象。加上难以预料政府官员的错误决定，而科技政策一般都是预算先行，所以有可能出现资助不能达到最优效果以及下面的情况：为防止"市场失灵"的科技资助政策却出现了新的"政府失灵"现象。现在各国已经意识到这一点，都在逐渐地将科技政策转向税收优惠政策。

目前我国鼓励研发的财政直接投入政策大多体现为几个国家级的科技计划（见表 3-2），这些科技计划的定位、分工明确，涵盖了基础研究、应用研究和实现产业化的全流程，有些科技计划还服务于研发条件平台的创建等。

---

① J. R. Hines, On the Sensitivity of R&D to Delicate Tax Changes: The Behavior of U. S. Mutinationals in the 1980s, NBER Working Paper, No. 3930, 1991.

② B. Hall, R&D Tax Policy during the Eighties: Success or Failure? NBER Working Paper, No. 4240, 1992.

表 3-2 我国当前科技专项计划基础情况汇总

总体分类	计划名称	主要定位
高技术战略研究计划	国家高技术研究发展计划（“863”计划）	“发展高技术，实现产业化”，其中，发展高技术主要集中于生物、航天、信息、激光、自动化、能源、新材料和海洋科技八大领域
	国家科技攻关计划	针对当前国家经济建设和社会发展中急需解决的重大科技问题，即带有方向性、基础性、综合性的重大科技课题，集中力量攻克
基础研究计划	国家自然科学基金 国家重点基础研究发展计划（“973”计划） 基础研究重大项目前期研究专项	为了加强基础性研究而制定的一项国家基础性研究重大项目计划，是以探索和认识自然界客观规律为目的的研究工作和瞄准社会进步、经济发展为目标的研究工作

续表

总体分类	计划名称	主要定位
科技产业化环境建设计划	星火计划、火炬计划、科技成果重点推广计划、国家重点新产品计划、科技型中小企业技术创新基金、科技兴贸行动计划、国际级高新技术开发区、生产力促进中心、大学科技园、农业科技园、科研院所研究开发专项	发挥中国科技资源的优势、促进高技术成果商品化、产业化和国际化
研究开发条件建设计划	国家重点实验室建设项目计划、国家重大科学工程、国家工程技术研究中心计划、科研条件建设、科技基础性工作及社会公益研究专项、国际科技合作计划、国家软科学研究计划	

资料来源:施定国:《基于过程分析的政府 R&D 支出绩效研究》,大连理工大学博士学位论文,2009 年。

二、我国政府 R&D 经费的支出

政府 R&D 活动的支出可以衡量一个国家或者地区的 R&D 投入总数量。从广义上来说,政府 R&D 支出指科技研发活动中需要的各类数据资源和资金,其中包括对研发过程的直接扶持和间接投入的人员、设备、资金等;从狭义上来说,政府的 R&D 支出就只包括政府投入到研发过程中的资金。[①] 政府 R&D 支出的

① 参见刘树梅、李丽亚:《我国政府 R&D 经费统计现状分析及对策研究》,《中国科技论坛》2002 年第 5 期。

分类见表 3-3。

由于本书仅研究政府对企业的资助，因此不考虑企业资助是来源于中央还是地方，将企业获得的资助作为一个整体来看待，也不分是消费性支出还是转移性支出，仅对政府科技政策作进一步分析。

表 3-3 政府 R&D 支出的分类

<table>
<tr><th>划分标准</th><th>分类</th><th>资助形式</th><th>目标</th></tr>
<tr><td rowspan="2">预算科目</td><td>消耗性支出</td><td>财政拨款</td><td>弥补市场缺陷</td></tr>
<tr><td>转移性支出</td><td>补贴、税收减免等</td><td>扶持重点领域和产业</td></tr>
<tr><td rowspan="3">支出主体</td><td>中央政府 R&D 支出</td><td>财政拨款、补贴、税收减免等</td><td>国家创新能力提升</td></tr>
<tr><td>地方政府 R&D 支出</td><td>财政拨款、补贴等</td><td>区域创新能力提升</td></tr>
<tr><td>高校</td><td>财政拨款</td><td>基础研究、应用基础研究、人才培养</td></tr>
<tr><td rowspan="2">支出对象</td><td>研发机构</td><td>财政拨款</td><td>基础研究、应用基础研究</td></tr>
<tr><td>企业</td><td>财政拨款、补贴、税收减免等</td><td>促进企业技术创新能力提升</td></tr>
<tr><td rowspan="2">支出形式</td><td>直接支出</td><td>财政拨款</td><td>弥补市场缺陷</td></tr>
<tr><td>间接支出</td><td>补贴、税收减免、贴息贷款、无偿增款</td><td>引导创新主体加大研发投入</td></tr>
</table>

资料来源：施定国：《基于过程分析的政府 R&D 支出绩效研究》，大连理工大学博士学位论文，2009 年。

因为中国没有在财政预算科目中设立 R&D 经费科目，所以很难直接计算出我国财政在R&D中的资金支出。在计算R&D费用时，只能通过统计年鉴，确定R&D经费中来源于政府的资金。本书中提到的政府关于高校、科研机构以及企业机构的R&D扶持资助就是指R&D经费，它是从政府的资金中分支出来的。

第二节　税收优惠政策

税收优惠就是指通过税收政策，将本应上缴财政的部分资金留给企业，支持企业进行技术创新。

一、国外的税收优惠政策

R&D税收政策主要包括两类：一是税收优惠（也称“直接优惠”或“税率式优惠”），主要是指税收在一定时期的减征、免征，或实行低税率，其特点是方式简单，侧重于事后优惠。如果企业开发失败，就无法享受这种优惠政策。二是税收鼓励政策（也称“间接优惠”或“税基式优惠”），主要注重对影响税基的不同要素规定不同的政策，如采取投资抵扣、R&D费用的加计扣除或税收抵免、加速折旧、专项准备金的提取等。该方法具有超前性，通过影响税基，间接地调节和引导企业的投资行为。美国主要采用这两种R&D税收优惠政策。1954年，美国开始研发支出直接减免；1981年，美国开始实行税收抵扣政策，即对符合规定的企业R&D支出，超过基数的部分（即增量部分）可以申报25%（1986

年改为 20%)的税收抵扣,冲抵企业应缴的所得税。我国与法国、日本、韩国、西班牙等国对新增的 R&D 投资也实行税收抵扣政策。目前发达国家普遍实行税收优惠与鼓励相结合,以税收鼓励为主的政策。

大多数发达国家都对企业和科研机构的 R&D 活动提供税收优惠支持,部分国家的税收政策见表 3-4。

表 3-4　世界主要国家税收优惠政策比较

国家	主要政策	备注
美国	(1)纳税人可以计算出消费活动中关于 R&D 的支出,然后作为可扣除费用直接予以抵扣,而不作为资本性支出,只要是当年的 R&D 开支大于前三年的 R&D 支出的,增加的部分均按照 25%的税收抵扣。如果企业当年未盈利,或者没有应纳税所得额,则允许减免额以及费用扣除往前结转 3 年,往后结转 7 年,最长费用扣除可达 15 年。(2)企业在关于技术更新改革的设备优化中,可按照其投资额的 10%抵扣当年的应纳税所得额。(3)实行提速折旧,其中,科技设备的规定使用期限为 3 年,机器设备为 5 年,厂房、建筑物等为 10 年。(4)推进关于高校、科研机构的 R&D 活动慈善基金扶持,企业可以向高等院校和非营利研发机构捐赠科研仪器、设备等,可作为慈善捐赠,在计税时会予以扣除	《经济复兴法》(1981 年);《R&D 减税修正法案》(1999 年)

续表

国家	主要政策	备注
法国	(1)凡是R&D投资比上年增加的企业,可抵扣相当于R&D支出增加额的50%的企业所得税。(2)个人技术转让所得视同长期资本所得,按16%的低税率征收个人所得税。(3)新企业或者第一次申报科技开支的企业,可以享受税收贷款,贷款额相当于在重要的一年里(创办年或使用首批开支的那一年)已申报科研开支的50%。(4)专门从事基础研究活动的公立科研机构可以获得减税权;以教育和科学研究为目的而建立的盈利公司,其有关的经营所得不予征税,无关的或关联不大的经营所得,按正常税率减半征收	《高新技术开发投入税收优惠》(1983年)
日本	(1)当企业R&D支出的增加部分超过过去的最高水平时,其增加部分的20%可抵免所得税税金(最高限额为法人所得税的10%)。(2)按中小企业技术开发经费的6%抵免所得税税金(最高限额为法人所得税的15%)。(3)企业技术开发基金比上年增加的部分,按增加额的70%减征所得税,转让技术专利所得收入的18%免征所得税。(4)科技开发区内的企业用于R&D活动的固定资产,可根据购置成本按规定的特别折旧率实行折旧,对某些特定产业和项目,加提的特别折旧率可达到55%	《增加实验研究经费的纳税减征办法》《加强中小企业技术基础税制》

资料来源:韩凤芹:《国外促进高技术产业发展的税收政策研究》,《经济研究参考》2005年第53期。

R&D税收优惠政策是一种比较好的鼓励和刺激企业增加R&D投入的政策工具。目前，西方发达国家普遍采用税收优惠的科技资助政策。税收优惠政策的最大优点是：R&D投资决策不是由政府决定的，而是市场导向的。由企业根据市场信息，自行决定、选择、运作和预算R&D项目，具有相当的制度性比较优势。政府通过规定严格的条件和标准，选定税收优惠的范围、对象和程度等来体现税收政策的意图。政策清楚、简单、无歧视性，所有符合条件的R&D企业皆可以申报。从项目实施角度来看，管理和评估R&D也比较方便，管理成本相对较低。美国和其他国家的研究表明：税收优惠政策确实会对企业增加R&D支出有刺激作用，其中R&D税收减免对增加企业的R&D支出有显著作用，而R&D税收抵扣的初期反应很低，经过一段时间后也会有较好的效果。

R&D税收优惠政策工具存在的不足是：(1)正确计算R&D投入存在困难。由于企业有可能伪造R&D支出，政府确认企业上报的R&D成本的真实性存在困难。目前，美国政府主要通过审计部门提供的审计证明确认，但政府保留抽查的权利。(2)预测国家税收总优惠额比较困难。(3)仅有R&D税收优惠刺激也许是不够的，因为私人反应的弹性很低，要达到一定的税收刺激量才会产生满意的效果，所以对提高产业的技术水平没有直接资助强度大、效果好和迅速。

20 世纪 80 年代以来，国外对 R&D 投入的税收激励政策效果的研究主要集中在税收政策是否有效及有效程度如何等方面。Hall、Van Reenen 和 Dagenais 等学者回顾了 80 年代以来关于税收激励效果的有关研究(见表 3-5)。

表 3-5　西方学者关于 R&D 税收激励效果的研究成果汇总

研究者	研究时间	研究对象	R&D 的弹性系数	研究时间跨度
Guellec，Van Pottelsberghe	2003 年	OECD 成员国	－0.28(短期) －0.31(长期)	1983～1996 年
Bloom，Griffith，Van Reenen	1998 年	西方 7 国和澳大利亚	－0.16(短期) －1.1(长期)	1979～1994 年
Berger	1993 年	美国 263 个企业	－1.0～－1.5	1981～1988 年
澳大利亚工业研究局	1993 年	澳大利亚 1000 多个企业	－1	1984～1994 年
Asmussen，Berriot	1993 年	法国 339 个企业	－0.26	1985～1989 年
Baily，Lawrence	1992 年	美国 12 个企业	－0.95(短期)	1981～1989 年
Mansfield	1986 年	美国 110 个企业	－0.35	1981～1983 年
Bemstein	1986 年	加拿大企业	－0.13(短期) －0.32(长期)	1981～1988 年
Mansfield，Switzer	1985 年	加拿大 55 个企业	－0.04～－0.18	1980～1983 年

资料来源：胡卫、熊鸿军：《R&D 税收刺激——原理、评估方法与政策含义》，《管理科学》2005 年第 2 期。

从表3-5中可以看出，R&D的弹性系数都是负数。这说明，税收激励导致的R&D成本降低能够增加公司的R&D投入。此外，从Guellec和Van Pottelsberghe、Bloom等人的研究中可发现，短期R&D的弹性系数不同于长期R&D的弹性系数。这说明，R&D弹性系数的变化具有时滞性，税收政策的长期效果要优于其短期效果。所以在运用税收政策促进企业增加R&D投入时应考虑税收政策的滞后性。

二、我国的R&D税收优惠政策

(一)所得税优惠政策分析

2008年版的《企业所得税法》实施后，我国陆续出台了多项针对研发活动的企业所得税优惠政策。

1. 税率优惠

新《企业所得税法》与之前的税法相比，有以下新的变化：高新技术企业享受15%税率的执行范围取消地域限制，原政策仅限于国家级高新技术开发区内的高新技术企业，新法将该项优惠政策扩大到全国范围。技术转让所得税起征点明显提高。新法规定：一个纳税年度内，居民企业技术转让所得超过500万元的部分，免征企业所得税；超过500万元的部分减半征收企业所得税；符合条件的小型微利企业，减按20%的税率征收企业所得税。

《企业所得税法》第二十八条规定:“国家需要重点扶持的高新技术企业,减按15%的税率征收企业所得税。”《中华人民共和国企业所得税法实施条例》第九十三条规定:“企业所得税法第二十八条第二款所称国家需要重点扶持的高新技术企业,是指拥有核心自主知识产权,并同时符合下列条件的企业:(一)产品(服务)属于《国家重点支持的高新技术领域》规定的范围;(二)研究开发费用占销售收入的比例不低于规定比例①;(三)高新技术产品(服务)收入占企业总收入的比例不低于规定比例②;(四)科技人员占企业职工总数的比例不低于规定比例③;(五)高新技术企业认定管理办法规定的其他条件。”《国家重点支持的高新技术领域》和《高新技术企业认定管理办法》由国务院科技、财政、税务主管部门商国务院有关部门制定,报国务院批准后公布施行。

此外,还有一些地方政策。例如:苏州的工业园区对认定为高新技术企业的相关企业给予10万元奖励。深圳对在2008年1月1日之后注册成立的国家认定的高新技术企业,在给予“二免三减半”的企业所得税优惠政策之后的两年内,将企业缴纳的所得税形成的地方政府财政的一半用来扶持企业研发。新疆的乌

---

① 最近一年销售收入小于5000万元的企业,比例不低于6%;最近一年销售收入在5000万~20000万元的企业,比例不低于4%;最近一年销售收入在20000万元以上的企业,比例不低于3%。

② 占企业当年总收入的60%以上。

③ 30%以上,其中研发人员占企业当年职工总数的10%以上。

鲁木齐高新区对于国家认定的高新技术企业，给予每家企业最高一次性30万元的奖励，这些奖励金都会被用于企业的科技创新、科技产品转化、产品科技含量提升等科技研发活动。

这对于符合条件的高新技术企业来说，《企业所得税法》规定的税率优惠对R&D支出的激励效用是比较大的。但这些规定也可能导致实质上属于高新技术企业而形式上不满足条件的企业得不到支持而缺乏R&D投入的动力。

2.研发费用的加计扣除

研发费用的加计扣除是指按照《企业所得税法》规定的在开发新技术、新产品、新工艺发生的研究开发费用的实际发生额的基础上，再加成一定比例，作为计算应纳税所得额时的扣除数额的一种税收优惠政策。例如，税法规定研发费用可实行175%加计扣除政策，如果企业当年开发新产品研发费用实际支出为100元，就可按175(100×175%)元在税前进行扣除，以鼓励企业加大研发投入。企业的研发活动应同时满足三个条件：一是具有创新性，对本地区相关行业的技术、工艺具有推动作用；二是具有价值性，企业通过研发活动在技术、工艺、产品(服务)方面的创新取得了有价值的成果；三是符合目录，即国税发〔2008〕116号文第四条规定，企业从事的研发活动必须符合《国家重点支持的高新技术领域》和国家发展改革委员会等部门公布的《当前优先发展的高技术产业化重点领域指南(2007年度)》。国家税务总局又于

2017年5月发布了《财政部 税务总局 科技部关于提高科技型中小企业研究开发费用税前加计扣除比例的通知》(财税〔2017〕34号),其中明确指出:“科技型中小企业开展研发活动中实际发生的研发费用,未形成无形资产计入当期损益的,在按规定据实扣除的基础上,在2017年1月1日至2019年12月31日期间,再按照实际发生额的75%在税前加计扣除;形成无形资产的,在上述期间按照无形资产成本的175%在税前摊销。”但是实际执行中仍存在不少问题:第一,研发活动无法认定。税务部门管理研发经费的加计扣除项目,但是税务部门没有研发领域的专业人员,因此难以精准认定企业的研发活动。比如,企业是否通过研发活动在科技、工艺等领域创新了具有价值的成果,是否促进了相关行业的技术和工艺向好的方向发展。第二,研发经费无法准确计算。精准地核算研发经费,这是企业享受加计扣除的前提。但是在实际执行中,总有些还没有建立专业科研机构的企业或者科研机构与生产经营业务不分的企业,依据《企业研究开发费用税前扣除管理办法》,对于可以区别计算的,归为研发性质的科研经费支出能加计扣除。但是能否合理划分,征税双方都难以保证。第三,委托研发的经费真实性难以核算。《企业研究开发费用税前扣除管理办法》中提出,针对企业委托给外单位的研发费用,受委托方要提供费用的支出明细。税务部门如果无法进行延伸检查,将难以分辨真实性。尤其是当受委托方是异地注册的企业时,税务部门还会受到地方行政管辖权的限制。

出现上述问题的原因有很多。一方面,研发活动认定的难度较大,研发经费的加计扣除政策复杂,且有些纳税人的法律意识薄弱、税务师事务所的证明没有完全发挥作用;另一方面,有的税务部门掌握政策的尺度较大,针对企业的申报资料审核通常只重形式而不注重实质内容,如果完全依靠税务师事务所的证明,那么其监管力度远远不够,甚至会影响政策的执行效果。

3.加速折旧

2015 年年底,财政部、国家税务总局和科学技术部联合下发了《关于完善研究开发费用税前加计扣除政策的通知》(财税〔2015〕119 号);同年 12 月 29 日,国家税务总局就如何落实该文件印发了《关于企业研究开发费用税前加计扣除政策有关问题的公告》(国家税务总局公告 2015 年第 97 号),其中就企业用于研发的仪器设备的相关费用加计扣除政策进行调整。

从中我们可以看出,财税〔2015〕119 号文件对于国税发〔2008〕116 号文件和财税〔2013〕70 号文件有着继承性,两个文件中涉及的研发仪器、设备的运维、调整、检验、维修、折旧和租赁等费用,均在财税〔115〕119 号文件中予以保留。同时,财税〔115〕119 号文件还在可加计扣除的范围上进行拓展,将原先的两个文件中规定的企业“专门用于”研发的仪器设备,扩大到“用于”研发的仪器设备,取消了其中的“专门”。也就是说,企业同时用于生产和研发的设备,其发生的运维、调整、检验、维修、折旧和租赁等费用,都可以加计扣除。

换句话说,满足加速折旧条件的研发仪器、设备,不仅可以依法享受一次性列支或者加速折旧政策优惠,而且还可以同时享受研发设备的加计扣除。自2016年起,除十大行业小型微利企业外,所有企业用于研发活动的“生产与研发共用的设备”,不能采取加速折旧方式,但是可以在企业所得税申报中,“按照本年度实际发生额的50%”,从本年度应纳税所得额中加计扣除。

加速折旧或者全额扣除的方法都会让企业获得税收递延的优惠,从而获得递延税金的货币时间价值。这在一定程度上会促进企业R&D的投入。

(二)增值税优惠政策分析

目前,针对小微企业月销售额或营业额不超过3万元(含3万元),季度销售不超过9万元的,免征增值税。既有销售,又提供服务的,能分别核算清楚的,分别享受季度收入9万元以内免增值税优惠(开具增值税普通发票)。软件产品销售的增值税5年内按照3%征收。增值税一般纳税人销售其自行开发生产的软件产品,按17%的法定税率征收增值税后,对其增值税实际税负超过3%的部分实行即征即退政策。所退税款不作为应税收入,不缴企业所得税。

增值税一般纳税人将进口软件产品进行本地化改造后对外销售,其销售的软件产品可享受增值税即征即退政策。本地化改造是指对进口软件产品进行重新设计、改进、转换等,单纯对进口软件产品进行汉字化处理不包括在内。纳税人受托开发软件产品，著作权属于受托方的征收增值税，著作权属于委托方或属于双方共同拥有的不征收增值税；对经过国家版权局注册登记，纳税人在销售时一并转让著作权、所有权的，不征收增值税。财税〔2013〕106号文中的附件三《营业税改征增值税试点过渡政策的规定》中规定，试点纳税人提供技术转让、技术开发和与之相关的技术咨询、技术服务的，免征增值税。

另外，我国以前实行的是生产型增值税，而国际上大多数国家都采用的是消费型增值税，这就使得我国企业在R&D支出方面的增值税税负比其他国家企业的税负要大很多，从而导致我国企业的R&D支出较其他国家少，这是导致我国企业缺乏核心技术竞争力的原因之一。2008年11月10日，修订后的《中华人民共和国增值税暂行条例》正式颁布（自2009年1月1日起施行）。这意味着，我国的增值税转型全面实行，这一措施对我国企业的研发活动具有促进作用。

（三）高新技术企业的税收政策

对企业（包括外商投资企业、外国企业）为生产《国家高新技术产品目录》的产品而进口所需的自用设备及按照合同随设备进口的技术及配套件、备件，除按照国发〔1997〕37号文件规定的《国内投资项目不予免税的进口商品目录》所列商品外，免征关税和进口环节增值税。

（四）创业投资企业的税收政策

创业投资企业是我国的新兴产业。国务院批准发布的《创业投资企业管理暂行办法》中规定的创业投资企业，是指在中华人民共和国境内注册设立的主要从事创业投资的企业组织。对创业投资企业，所得税优惠政策实行以企业投资额抵扣应纳税所得额的办法，就是指创业投资企业采取股权投资方式投资于未上市的中小高新技术企业 2 年以上的，可以按照其投资额的 70％在股权持有满 2 年的当年抵扣该创业投资企业的应纳税所得额；当年不足抵扣的，可以在以后纳税结转抵扣。

第三节 财政直接资助与税收优惠政策的比较

以上研究表明，政府直接资助和税收优惠政策在促进企业 R&D 投入过程中存在一定的互补性（见表 3-6）。

表 3-6 直接资助和税收优惠两种政策工具的比较

	直接资助	税收优惠
政策对象	政府选定的研发领域和项目	符合研发活动规定的所有企业
项目决策	政府选择资助项目	企业选择研发项目
公平性	可能有失公平	公正、透明、非歧视
反应速度	迅速、直接和明显	初期较弱，长期较好
资助时间	事前、事中	事后

各国根据本国经济、科技的发展特点，选择不同的政策。美国、加拿大、法国和西班牙等国的科技政策中，直接资助和税收优惠的程度都比较高；澳大利亚、丹麦和新西兰更倾向于采用税收优惠政策促进企业 R&D 投入，直接资助强度比较低；挪威、英国、意大利和瑞典等国更倾向于采用直接资助政策，税收优惠政策比较少；而日本和瑞士等国的直接资助和税收优惠的程度都比较低（见图 3-2）。①

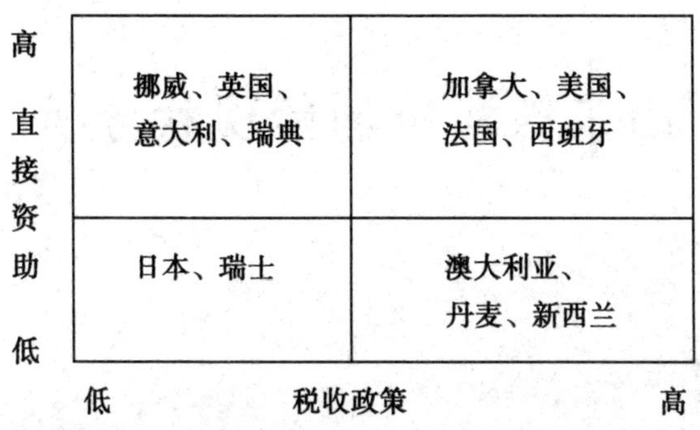

图 3-2　各国直接资助和税收优惠政策的组合

此外，政府也采取其他科技政策对企业的 R&D 施加影响。例如：对未来科技发展趋势进行规划，引导 R&D 资金的投入方向，完善科技成果转化体系等；建立 R&D 投入的法律法规体系，创造良好的 R&D 投资环境等。

① 参见程华：《直接资助与税收优惠促进企业 R&D 比较研究》，《中国科技论坛》2006 年第 3 期。

第四章

山东省科技创新现状分析

改革开放40年以来，特别是党的十八大以来，是山东省科学技术事业发展最快的时期，更是科学技术对经济社会发展贡献最大的时期。根据中国科技发展战略研究小组、中国科学院大学中国创新创业管理研究中心对外发布的《中国区域创新能力评价报告2017》：2016年，山东区域创新能力综合排名连续5年位居全国第六，全省研发投入占GDP的比重提高到2.34%；2017年，山东省的有效发明专利达到7.5万件，同比增长20%，PCT(专利合作条约)国际专利申请量达到1700件，同比增长22%。2017年，全省共有高新技术企业4246家，位居全国第八；山东高新技术产业总产值占规模以上工业企业总产值的比重为 35.0%，以创新为主要引领和支撑的经济体系和发展模式正在加速形成。

第一节 发展成就

一、科技人员队伍逐步壮大，人员素质明显提高

科技创新，人才为本。科技人员是宝贵的智力财富，也是科技创新的核心力量。改革开放 40 年来，全省各级党委政府把人才资源是第一资源的理念牢牢刻印在心中，并全力贯彻“人才强省”的战略。面向关键领域，依托重大项目，加快培养造就一批具有较强创新能力的科技领军人物；努力将引才和引智结合起来，并贯彻引进和培养齐头并进的理念，给人才实现人生目标的机会，突破人才流动的瓶颈；进一步对科技体制进行深化改革，努力营造有利于科技人才脱颖而出、充分施展才干的良好环境，将科技人员的积极性充分地调动起来，使科技队伍不断壮大，并构筑完善的科研体系，使科技人员的水平不断提高。全省的科技人员队伍迅速壮大，人员素质明显提高。2016 年，全省共有 R&D 人员 47.64 万人，比 2007 年的 33 万人增长 44.36%。其中：硕士以上学位人员有 77303 人，比 2010 年的 38861 人增长了 98.92%；有研究与试验发展活动单位 7848 个，是 2010 年 2988 个的 1.627 倍。

二、“以政府资金为引导、以企业资金为主体、多种筹资渠道并存”的科技活动经费筹集体系已经形成

2007年，全省科技活动经费筹集总额达612.1亿元，其中政府资金50.5亿元，占8.3%；企业资金507.6亿元，占82.9%；金融机构贷款等其他渠道筹集资金54.0亿元，占8.8%。2010年，R&D经费内部支出的672亿元中，政府资金58.88亿元，占8.76%；企业资金600.17亿元，占89.31%；境外资金2.8亿元，占0.42%；其他资金10.15亿元，占1.50%。2016年，R&D经费内部支出的1566.09亿元中，政府资金107.59亿元，占6.87%；企业资金1425.25亿元，占91.01%；境外资金4.82亿元，占0.31%；其他资金28.43亿元，占1.82%。至此，全省已形成“以政府资金为引导、以企业资金为主体、多种筹资渠道并存”的科技活动经费筹集体系。

在科技活动经费的各种筹集渠道中，企业资金所占比重呈现出上升的势头，其他筹集渠道所占比重则逐步下降。企业资金所占比重由2007年的82.9%提高到2016年的91.01%，提高了8.11个百分点；政府资金所占比重由2007年的8.3%下降到2016年的6.87%，下降了1.43个百分点；其他资金（含境外资金）所占比重由2007年的8.8%下降到2016年的2.13%，下降了6.67个百分点。这充分显示出企业在科技创新中的主体地位得到了进一步增强。

三、科技经费投入力度继续加大，经费结构不断优化

若要顺利地开展科技创新的相关活动，科研经费是必不可少的。山东省大力实施“科教兴鲁”的发展政策，2016 年全省研究与试验发展经费内部支出 1566.09 亿元，是 2007 年的 5.01 倍，年均递增 19.61%。

表 4-1 记录了不同时期山东省对科研人才、科研项目经费的投入情况，从表中可以看出，科技经费投入呈大幅增长的趋势，并且结构也在不断优化。其中，基础研究支出占 R&D 经费内部支出的比重由 2010 年的 1.98%调整为 2016 年的 2.33%，应用研究支出占 R&D 经费内部支出的比重由 2010 年的 5.45%调整为 2016 年的 5.73%，试验发展支出占 R&D 经费内部支出的比重由 2010 年的 92.58%调整为 2016 年的 91.94%。基础研究支出、应用研究支出和试验发展支出所占比重比较稳定。

表 4-1　　山东省科技经费投入情况　　单位：亿元

年份	R&D经费内部支出合计	基础研究支出	基础研究支出占比	应用研究支出	应用研究支出占比	试验发展支出	试验发展支出占比
2010	672	13.28	1.98%	36.60	5.45%	622.12	92.58%
2011	844.38	18.83	2.23%	54.17	6.42%	771.38	91.36%

续表

年份	R&D经费内部支出合计	基础研究支出	基础研究支出占比	应用研究支出	应用研究支出占比	试验发展支出	试验发展支出占比
2012	1020.33	22.40	2.20%	64.40	6.31%	933.52	91.49%
2013	1175.80	26.45	2.25%	68.64	5.84%	1080.71	91.91%
2014	1304.07	24.39	1.87%	79.46	6.09%	1200.21	92.04%
2015	1427.19	29.75	2.08%	77.42	5.42%	1320.02	92.49%
2016	1566.09	36.44	2.33%	89.78	5.73%	1439.87	91.94%

四、企业的创新主体地位已经确立

企业是承载科技创新、应用科技成果最活跃的载体。近年来，山东省创新成果和创新活动的载体主要是各个企业。

从科技人员的投入情况来看，2016 年，全省规模以上工业企业 R&D 人员 37.45 万人，比 2010 年增长 82.77%，年均递增 10.57%；2016 年，参加项目人员 34.61 万人，比 2010 年增长 87.90%，年均增长 11.09%；2016 年，科技管理和服务人员 2.84 万人，比 2010 年增长 37.22%，年均增长 5.41%。这说明，实际参与项目的 R&D 人员增长速度高于科技管理和服务人员，有更多的人员参与到项目中去，与项目直接相关的人员增长速度高于间接人员，R&D 活动的效率提高了。

从科技经费的投入情况来看，2016 年，全省规模以上工业企业 R&D 经费内部支出 1415 亿元，是 2000 年的 2.40 倍，年均递增 15.72%，占全省的 90.35%。其中，试验发展支出 1363.78 亿元，是 2010 年的 2.35 倍，年均递增 15.34%，占全省的 94.72%；基础研究支出 1.43 亿元，是 2010 年的 2.78 倍，年均递增 18.59%，占全省的 3.92%。企业基础研究支出增速明显高于 R&D 经费内部支出，说明企业也越来越注重基础研究。

五、高技术产业发展迅速，科技活动踊跃

改革开放以来，山东省立足当前，着眼长远，紧紧围绕重点技术领域，实施重大科技专项和重点高技术产业化专项，不断做优做强高技术产业。经过努力，全省高技术产业规模迅速扩大，经济效益明显好转，科技活动日益活跃，总体实力显著增强。2016 年，全省高技术产业企业数已达 2207 家，主营业务收入 1.23 万亿元，利润总额 953 亿元，出口交货值 1935 亿元。高技术产业总体实力的显著增强有力地推动了科技活动的有效开展。2016 年，高技术产业研发机构 675 个，R&D 人员折合全时当量 51955 人年，R&D 经费内部支出 222.49 亿元，R&D 项目数 7092 个，R&D 项目经费 202.68 亿元。

近年来，通过持续推动装备制造业向高端化、数字化、智能化转型，全省新兴高端装备快速发展，产业结构不断优化。2016 年，全省高端装备制造业主营业务收入超过 1.1 万亿元，占装备

制造业的比重达到25%,较上年提高1个百分点。涌现出了一批在行业中具有明显竞争优势的龙头企业和行业小巨人,有9家企业入围中国企业500强,占全省的18.4%;17家企业入围省单项冠军示范培育企业名单,占全省的77.3%。

表4-2列出了近年来山东省高技术制造业的情况。

表4-2　近年来山东省高技术制造业的情况　单位:亿元

年份	工业总产值	规模以上工业企业主营业务收入	高技术制造业主营业务收入	占规模以上工业企业主营业务收入的比重
2011	99505	99766	6121.4	6.14%
2012	114707	118087	7729.2	6.55%
2013	129906	132130	8946.5	6.77%
2014	141415	143140	10212.1	7.13%
2015	145964	145629	11535.3	7.92%

六、山东省创新驱动的运行成效

(一)经济发展

区域创新和经济发展是相辅相成的,经济发展对区域创新有着很好的支撑作用,而区域创新反过来又会带动区域经济的发展,加快经济发展的速度和进程。2017年,山东省的地区生产总值突破7万亿元,共计72678.18亿元,经济总量持续位居全国第三,经济增长速度为7.4%,比全国经济增速(6.9%)高出0.5个百分点;人均生产总值72851元,按年均汇率折算为10790美元。

产业结构持续优化，三次产业经济总量占比分别为6.7%、45.3%、48.0%。制造业质量竞争力指数83.99，比上年提高0.69。年末有效注册商标72.3万件，比上年增长22.1%。其中，驰名商标711件，地理标志商标542件。马德里商标国际注册申请量增长2.1倍。共有全国质量强市示范城市10个，全国知名品牌创建示范区11个，国家地理标志保护产品66个，有效期内山东名牌产品、山东省服务名牌、山东省优质产品基地分别达到1536个、543个、37个。

（二）科技进步

“十二五”时期，山东省牵头承担“核高基”等国家科技重大专项25项，实施省自主创新及成果转化重大专项137项，建立相关产业技术创新战略联盟12家、省级以上重点实验室20家、省级以上工程技术研究中心118家（其中国家级工程技术研究中心1家），培育高新技术企业326家；累计新增发明专利授权1602项，获得国家科技奖励2项，获得省级科技奖励43项。2017年，山东省新产业新技术快速发展，高技术产业增加值增长10.9%，增速高于规模以上工业企业4.0个百分点，比2016年提高3.1个百分点。高新技术企业数量突破6000家。工业技术改造投资16728.6亿元，增长14.1%，比2016年提高6.0个百分点，占全部工业投资的比重达到64.3%，比2016年提高6.6个百分点。装备制造业增加值增长11.0%，比2016年提高3.4个百分点，对规模以上工业企业的贡献率达45.0%，成为工业增长的主引擎。

第二节　科技创新面临的挑战

全国各省(市)均在2006年的科技大会之后出台新的政策，增大针对创新人才和科研经费的投入，加快本省科技水平发展的步伐。与其他省(市)相比，山东省的科技创新落后于广东、浙江、江苏等省(市)的态势，面临着“标兵渐远、追兵渐近”的严峻挑战。2001～2002年，山东省区域创新能力综合排名第五，2003年被天津超越成为第六，2004年之后浙江成为第五，山东仍位居第六。江苏、浙江、山东和广东都是我国沿海区域的经济强省，在我国的经济格局中占有重要地位；而北京、上海是我国科技创新领先的直辖市。所以将这6省(市)的科技投入产出情况进行对比，以此来分析山东省的科技创新情况。

一、科技创新的投入情况分析

(一)R&D经费

山东省的R&D经费投入规模不断增大，但单纯从R&D经费投入数值看，可能很难评估它在全省经济发展中的地位，更重要的是看它在全省GDP中的占比。2009～2016年，山东省的R&D经费投入占GDP的比重从1.53%提高至2.34%，根据国际标准，R&D经费占比达2.5%，标志着区域创新能力基本达到或接近发达国家水平。然而,江苏省 2009 年的 R&D 经费投入占 GDP 的比重已经达到 2.04%,而山东省在 2012 年才突破 2%这一关口,达到 2.04%,比江苏省晚了 3 年;江苏省 2014 年的 R&D 经费投入强度已突破 2.5%,而山东省 2016 年还没有突破 2.5%。

放眼全国,2016 年,R&D 经费支出达到千亿元的有 6 个省(市),分别为江苏 2026.87 亿元(占 12.93%)、广东 2035.14 亿元(占 12.98%)、山东 1566.09 亿元(占 9.99%)、北京 1484.58 亿元(占 9.47%)、浙江 1130.63 亿元(占 7.21%)和上海 1049.32 亿元(占 6.69%)。其中,北京的 R&D 投入强度遥遥领先,上海位居第二,而广东和江苏两省的 R&D 经费投入与投入强度相当(见图 4-1)。可见,从 R&D 经费支出上看,浙江省已逐渐接近山东省的水平,但从 R&D 经费投入强度来看,浙江省的投入强度高于山东省。

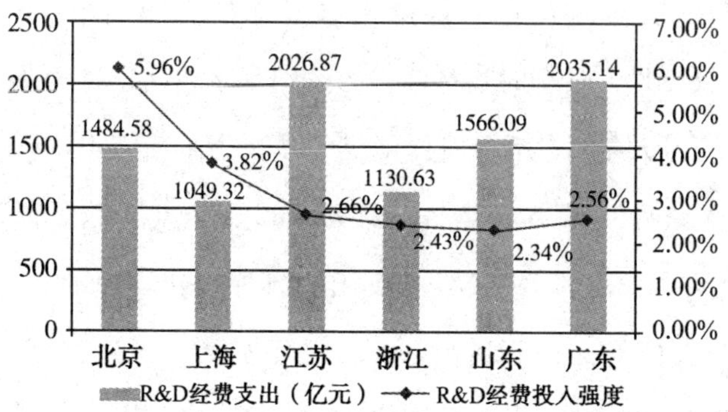

图 4-1 2016 年各省(市)的 R&D 经费投入情况

从 2014～2016 年的 R&D 经费支出增速看，山东省这 3 年的增速呈下降趋势，从 10.91%降到了 9.73%，而广东省、浙江省都是逐年上升的，江苏省 2015 年增速下降比较多，但 2016 年增速在 6 个省(市)中处于第二位，总体上也是上升的(见表 4-3)。因此，这 3 年R&D 经费支出增速山东省相比其他省(市)是落后了。

表 4-3　2014～2016 年各省(市)R&D 经费支出增速情况　单位：%

指标	北京	上海	江苏	浙江	山东	广东
2014 年增速	7.07	10.96	11.12	11.08	10.91	11.22
2015 年增速	9.08	8.61	8.98	11.38	9.44	12.00
2016 年增速	7.27	12.09	12.53	11.81	9.73	13.18

(二)R&D 人员

由于 R&D 人员是从事研究与开发等创造性活动的人员，因此用 R&D 人员全时当量来衡量人力资源投入问题最具代表性。2016 年，R&D 人员全时当量最多的分别是江苏(54.34 万人年)、广东(51.56 万人年)，其后分别是浙江(37.66 万人年)、山东(30.15 万人年)、北京(25.33 万人年)、上海(18.39 万人年)，除了浙江与山东，其他省(市)均与 R&D 经费支出的排序一致。2016 年，山东共有 R&D 人员 47.64 万人，浙江 51.67 万人，江苏 76.10 万人，广东 73.52 万人，北京 37.34 万人，上海 25.48 万人。从前面的数据中可以看出，山东省的 R&D 经费投入高于浙江省，但用 R&D 人员全时当量来衡量的人力资源却低于浙江省，R&D 人员也低于浙江省。这说明，山东省的人均使用经费高于浙江省，虽然投入的资金多，但投入的人力资源少。

（三）地方财政科技投入

如图 4-2 所示，2016 年，广东的科学技术支出(742.97 亿元)居全国首位，这充分证明了广东对科技创新的重视程度，之后分别为江苏(381.02 亿元)、上海(341.71 亿元)、北京(285.78 亿元)、浙江(269.04 亿元)和山东(167 亿元)。从数据来看，山东低于广东、江苏、浙江、上海和北京，仅是广东的 1/5 左右，江苏的 1/2 左右，约比浙江少 100 亿元。从科技拨款占地方财政支出的比重来看，山东为 1.91%，而广东为 5.53%、江苏为 3.82%、北京为 4.46%、上海为 4.94%、浙江为 3.86%，都远远高于山东。在政府一般公共预算支出中，山东省的科学技术支出不仅绝对数远远低于广东等省(市)，相对数也低于这些省(市)。

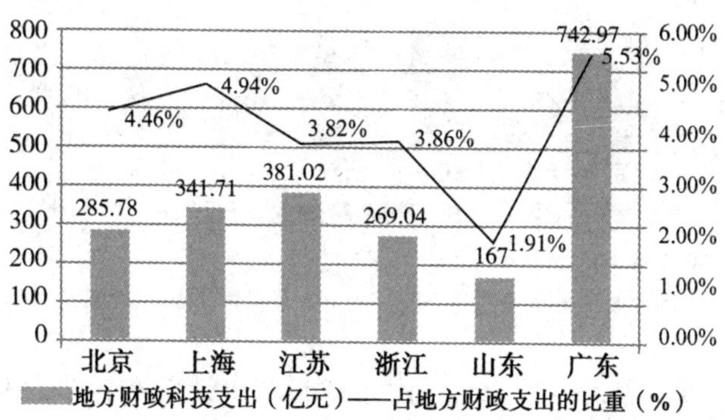

图 4-2 2016 年全国部分省(市)地方财政科技的投入情况

二、科技创新的产出情况分析

(一)专利数

利用专利数来衡量研发创新的产出是国内外学者通过理论分析和实证经验总结得出的结果。专利在一定程度上体现了原始的技术创新能力,尽管不能完整体现创新产出的状况,但相对于其他指标来说较有说服力。如图 4-3 所示,以 2016 年为例,各省(市)之间专利申请数与授权数差异较大,专利授权数占申请数的比例均超过 45%,其中,浙江以 56.35%的比重位居第一,而上海也以较高的比重(53.54%)位居第二,超过广东(51.22%)、江苏(45.08%)、北京(53.20%)和山东(46.08%)。

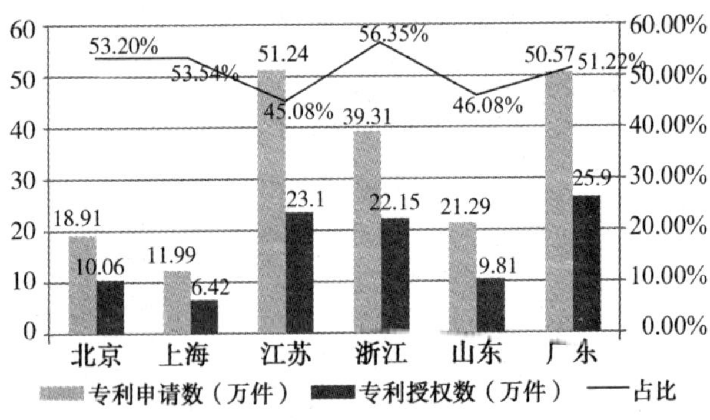

图 4-3 2016 年全国部分省(市)专利申请与授权情况

如图 4-4 所示 ,2016 年,山东省专利申请总数为 21.29 万件,其中发明专利申请数 9.81 万件,占全部专利的比重为 46.08%。

从2010～2016年山东省专利数量的变化趋势来看，7年内，山东省的专利申请与专利授权数量整体上呈现稳步上升的趋势，但专利授权数与申请数的占比总体上呈下降的趋势，从2010年的63.66%下降到2016年的46.08%，7年间呈现上下波动的状况，2013年之前总体上在50%以上，但2014年后比较稳定地维持在50%及以下的水平。专利申请总数是指提交的申请数，这其中可能包括授权的和不能授权的，这反映了山东省的专利申请多而不精，申请专利的质量不高。

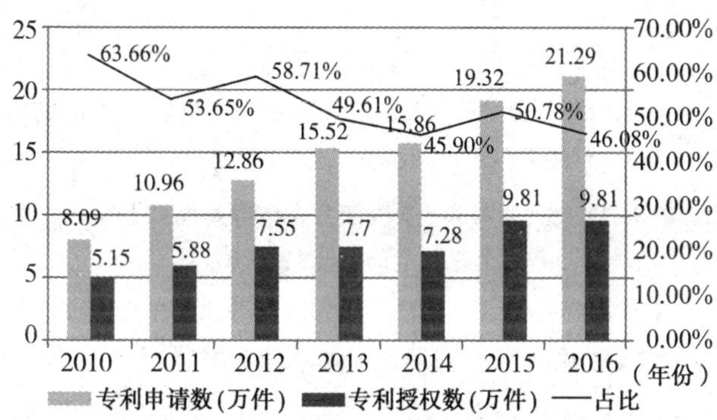

图4-4 2010～2016年山东省专利申请与授权数的变化情况

(二)新产品销售收入

新产品销售收入指的是一个企业的新产品销售所获得的收入，它表明了一个企业将技术创新转化为对应成果的能力，体现了创新的思维和市场相结合的程度，和专利一起共同影响着整个地域的科技创新水平。如图4-5所示，2016年，广东、江苏和浙江

3 个省的新产品销售收入最高，分别为 28671 亿元、28085 亿元和 21397 亿元，与其他省（市）的差距较大。山东新产品销售收入 16313 亿元，不及广东的六成，但 R&D 经费支出山东却比浙江多出 430 亿元，这说明山东的投入产出效率不高。

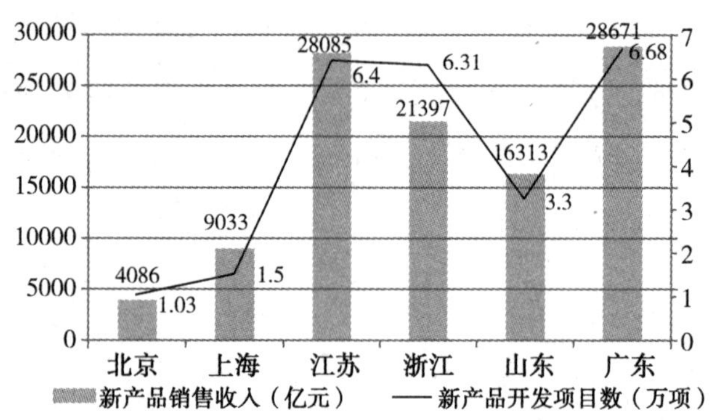

图 4-5　2016 年全国部分省（市）规模以上工业企业新产品开发与销售情况

（三）技术交流

技术交流主要体现在技术市场合同成交额方面。这反映了一个地域科技创新的效果，并且显示了技术在不同省市间的贸易情况，用这个可以分析比较某个地域在技术创新方面的活跃程度。如图 4-6 所示，全国技术市场最活跃的是北京，从技术流向地域合同数和合同金额看，2016 年北京的技术合同数为 5.55 万项，技术合同成交额高达 1753.24 亿元。其次是江苏（2.74 万项和 905.59 亿元）、广东（2.48 万项和 792.56 亿元），山东（2.31 万项和 505.24 亿元)，位居第四。这说明，山东省技术交流的活跃度相对较低。

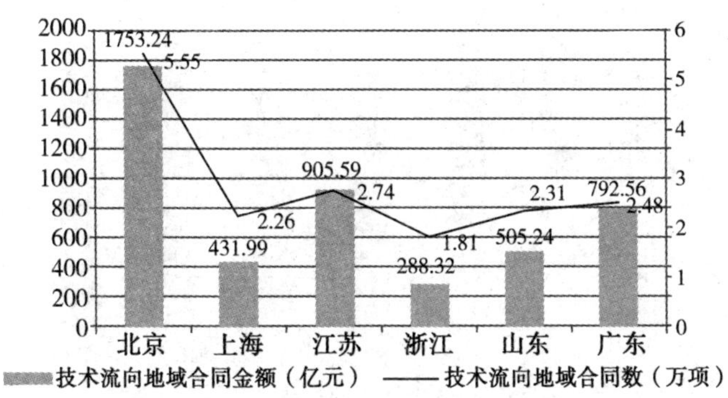

图 4-6 2016 年全国部分省(市)技术市场情况

三、山东省创新驱动系统的主体结构

高校、科研院所和企业都是创新行为的主要载体。图 4-7 所示的是各地区创新主体 R&D 经费支出来源的整体概况。

山东省创新主体的 R&D 经费支出比重差异较大。山东省 R&D 经费支出的主要来源以企业为主，类似的还有江苏、浙江和广东，其企业的 R&D 经费支出占比均超过 85%，而北京的 R&D 经费支出占比超出了 50%，远高于其他地区，这可能与北京高校和科研机构数量较多有关。上海的 R&D 经费支出来源也以企业为主(60.12%)，但其政府资金的比重较高(占 35.71%)。从整体上看，由于企业是创新活动最主要的主体部分，R&D 经费支出较多地来源于企业是较为普遍的形态。

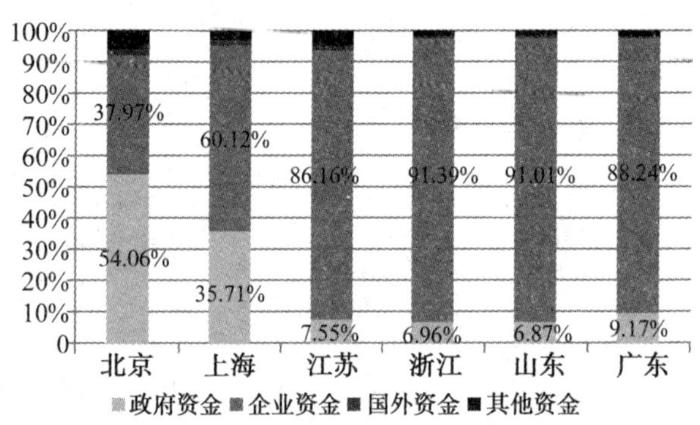

图 4-7　2016 年全国部分省(市)R&D 经费支出资金来源情况

从山东省分城市工业企业 R&D 经费和 R&D 人员的分布来看(见图 4-8)，4 个城市分布在第一、四象限中，其中：第一象限有青岛、济南、烟台 3 个城市，为 R&D 资源较丰富地区；第四象限的城市是潍坊，为 R&D 资源中等水平地区；其他城市均处于第三象限，R&D 资源较低，即 R&D 经费低于 100 亿元和 R&D 人员低于 2.5 万人。明显的差异说明各地区的创新效率高低与 R&D 资源的总量大小可能存在一定的关系。

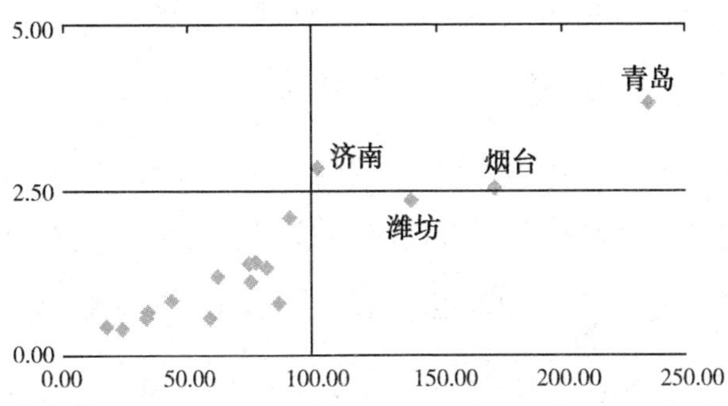

图 4-8 山东省分城市工业企业创新投入情况

从上述分析中可以看出,山东省已经形成了一个创新网络结构,企业、高校、科研院所彼此相互沟通,相互联系,共同提升山东省的创新能力。

(一)企业

山东省的企业都很重视创新系统的建立,它们通过各种不同的方式,比如和高校或者相关的科研组织进行合作,创建自己的研究院,从而加强企业自身的创新能力。如图 4-9 所示,2016 年,山东省规模以上工业企业有研发机构的企业为 3275 家,有 R&D 活动的企业为 7090 家,比 2010 年增加近 4000 家,但与江苏、广东、浙江 3 个省相比,有研发机构和 R&D 活动的企业数还是太少。江苏有研发机构的企业为 20910 家,约是山东的 6 倍;有 R&D 活动的企业为 19186 家,是山东的 2 倍多。这说明,山东省的企业虽然在经费支出方面是科技创新的主体,但拥有研发机构和开展 R&D 活动的却不多。这也反映了企业更多的是通过成果转让等方式引进、吸收技术创新成果。

全省装备制造业持续加强创新体系建设，逐年加大研发投入。2016 年，全省高端装备制造业骨干企业年均研发投入占主营业务收入的比重达到 3%，80%以上的大中型企业建立了研发机构，共建成国家级企业技术中心 61 家、省级企业技术中心 577 家，分别占全省总数的 34.1%和 37.9%。掌握了一批具有较强影响力的关键核心技术，累计认定省级首台（套）技术装备 784 个；2016 年中国优秀工业设计奖，全国共有 9 件产品获得金奖，山东省占 4 件，其中 3 件属于装备行业，数量居全国首位。智能技术、信息技术与制造业加快融合，大中型企业积极采用计算机辅助设计（CAD）、计算机辅助制造（CAM）、制造企业生产过程执行系统（MES）、产品数据管理（PDM）、计算机集成制造系统（CIMS）、企业资源计划（ERP）等信息技术，推进了装备制造业从产品设计、生产制造到管理的智能化进程，23 家企业被工信部列为国家智能制造示范企业，78 个项目先后获得国家制造专项和国家高档数控机床专项支持，总量居全国前列。

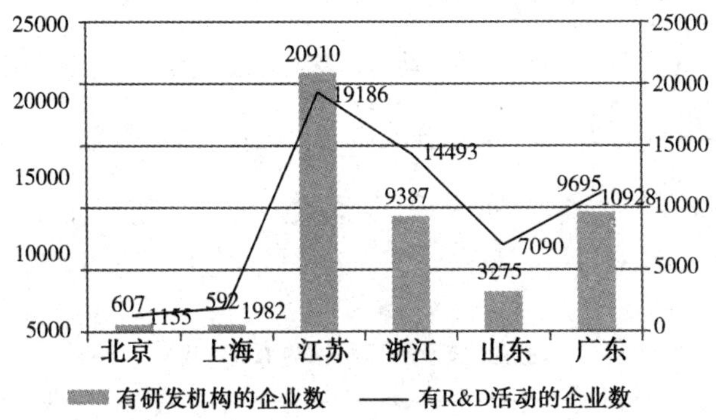

图 4-9 2016 年全国部分省(市)有研发机构和 R&D 活动的企业情况

(二)高校及科研机构

高校的科研基地、省属科研院所、相关的科研组织、国家级重点实验室等都属于高校与科研机构所拥有的创新体系。截至 2017 年,山东省共有省级示范工程技术研究中心 193 个,省级工程技术研究中心 656 个,国家级重点实验室达 17 个,数量仅次于北京。2017 年,新增国家级企业技术中心 14 家,总数达 179 家,稳居全国第一位。2016 年,山东省共有科研机构 204 个,位列各省(市)中的第二,仅少于北京市,但 R&D 人员和 R&D 经费支出少于北京、上海、江苏、广东,仅位于第五,说明山东省科研机构的人均 R&D 人员和人均经费支出并不占优;而科技产出中专利所有权转让及许可收入和国家或行业标准数也均处于第五位(见表

4-4)。2016 年，山东省共有高校 144 所，从业人员19.17万人，R&D 人员合计 4.33 万人，具有本科及以上学历的人员为 4.13 万人，其中具有博士学位的人员为 1.16 万人，具有硕士学位的人员为 1.83 万人。从分布来看，全省的高校资源主要集中在济南、青岛两地。

表 4-4 各地区高校及科研机构的 R&D 情况

地区	研究与开发机构(个)	研究与开发机构 R&D 人员合计(人)	研究与开发机构 R&D 经费内部支出(亿元)	研究与开发机构专利所有权转让及许可收入(亿元)	研究与开发机构形成国家或行业标准数(项)	高校 R&D 人员合计(人)	高校 R&D 经费内部支出(亿元)
北京	396	113675	730.12	3.58	1394	77397	160.44
上海	134	33804	279.40	1.11	223	43977	93.61
江苏	135	26019	157.91	0.60	165	63249	100.00
浙江	101	9019	35.03	0.51	116	49421	54.65
山东	204	15213	46.57	0.16	151	43338	36.92
广东	202	17452	73.74	0.13	178	57048	108.08

(三)政府

政府通过推进相关的鼓励政策，加大对科技创新的扶持力度，将有效改善地区的科研环境，促进区域创新行为不断增多，使创新系统更加完善。2015 年，中共山东省委、山东省人民政府出台了《关于深入实施创新驱动发展战略的意见》，从改革完善人才使用、培养和引进机制、加快促进科技成果转化、强化企业的技术创新主体地位、深化知识产权创造、运营和保护、金融支持创新等方面提出了五大着力点，为山东省进一步激发全社会的创新活力和创造潜能，促进大众创业和创新给予了相关的政策支持。

与国内其他省(市)相比，山东省的 R&D 人员以及 R&D 经费的投入总量是相对较多的，这和山东省科技改革的全面推进是分不开的。不过与上海、北京等一线城市相比还是有一定的差距，人均指标相对于浙江等省较低。总体来说，山东省基本构建起了以企业为主体、以高校和科研院所为支撑、以政策为指引方向的驱动创新体系。

四、当前山东省科技创新面临的挑战

山东省经济转型升级的效果并不理想。这主要是由于受到了传统的产业层次、发展理念以及技术创新和研究机构的储备并不是很多的影响。目前，传统产业占主导的格局仍未改变。2016 年，山东省轻工、纺织服装、机械、化工、冶金、建材、医药等七大传统产业拥有规模以上工业企业 36186 家，实现主营业务收入 12.8 万亿元，利润 7639 亿元，分别占规模以上工业企业的85.3%和88.4%。传统产业的经济效益呈不断下滑的态势。例如，煤炭开采和洗选业的产值利税率从 2010 年的 23.90%降到 2016 年的15.46%，黑色金属矿采选业的产值利税率从 2010 年的19.77%

降到 2016 年的 12.88%，有色金属矿采选业的产值利税率从 2010 年的 14.26%降到 2016 年的 6.81%，纺织业的产值利税率从 2010 年的 10.21%降到 2016 年的 7.68%，纺织服装、鞋、帽制造业的产值利税率从 2010 年的 9.81%降到 2016 年的 8.86%，化学原料及化学制品制造业的产值利税率从 2010 年的 10.32%降到 2016 年的 8.90%(见表 4-5)。

表 4-5　　山东省规模以上工业企业产值利税率比较　　单位:%

类别	2010 年 产值利税率	2016 年 产值利税率	类别	2010 年 产值利税率	2016 年 产值利税率
采矿业			制造业		
煤炭开采和洗选业	23.90	15.46	石油加工、炼焦及核燃料加工业	13.36	12.40
石油和天然气开采业	56.12	−29.89	化学原料及化学制品制造业	10.32	8.90
黑色金属矿采选业	19.77	12.88	医药制造业	16.23	14.52
有色金属矿采选业	14.26	6.81	化学纤维制造业	7.33	7.30
非金属矿采选业	13.81	12.48	橡胶制品业	8.92	8.18

续表

类别	2010 年产值利税率	2016 年产值利税率	类别	2010 年产值利税率	2016 年产值利税率
制造业					
农副食品加工业	8.42	6.89	塑料制品业	10.32	—
非金属矿物制品业	13.71	10.11	食品制造业	11.56	10.16
黑色金属冶炼及压延加工业	7.50	5.16	饮料制造业	19.19	14.51
有色金属冶炼及压延加工业	11.00	7.52	烟草制品业	47.06	61.02
金属制品业	10.70	8.40	纺织业	10.21	7.68
通用设备制造业	11.20	9.57	纺织服装、鞋、帽制造业	9.81	8.86

续表

类别	2010年产值利税率	2016年产值利税率	类别	2010年产值利税率	2016年产值利税率
制造业					
专用设备制造业	11.08	8.95	皮革、毛皮、羽毛(绒)及其制品业	9.64	8.12
交通运输设备制造业	10.58	8.61	木材加工及木、竹、藤、棕、草制品业	10.45	8.73
电气机械及器材制造业	10.57	9.01	家具制造业	10.53	9.70
通信设备、计算机及其他电子设备制造业	7.50	9.01	造纸及纸制品业	11.10	7.96
仪器仪表及文化、办公用机械制造业	11.84	9.13	印刷业和记录媒介的复制	11.05	9.11

续表

类别	2010 年产值利税率	2016 年产值利税率	类别	2010 年产值利税率	2016 年产值利税率
制造业					
电力、热力的生产和供应业	4.69	10.68	文教体育用品制造业	9.81	8.80
燃气生产和供应业	15.98	12.17	—	—	—

企业的科技创新能力和模式遇到了严峻挑战。山东省的很多企业仍将重点放在了引进先进设备上,忽视了技术的消化吸收,较少有合作研发的模式。2016 年,山东省企业在技术引进上的经费支出与上海、江苏、北京、广东等地有相当大的差距,且在国内技术经费上的支出也较低,真正用在技术创新上的经费远低于技术改造的开销(见表 4-6)。这样的创新路线将束缚山东省企业创新能力和科研水平的质变,对创新能力的提升带来不利的影响。

表 4-6 国内部分地区 2016 年技术引进情况 单位:万元

地区	引进技术经费支出	消化吸收经费支出	购买国内技术经费支出	技术改造经费支出	前三项之和与技改经费之比
北京	320726	71825	48262	1778569	77.78
上海	1349956	368456	260867	1415542	139.82
江苏	332707	94876	173755	5219506	11.52
浙江	93307	35327	144078	1918982	14.21
山东	174867	94744	169358	2407348	18.23
广东	1315983	47511	625611	2049895	97.03

第五章

山东省科技创新政策的描述性分析

党的十八大以来，山东省把创新驱动发展战略作为核心，坚持发展是第一要务，人才是第一资源，创新是第一动力，充分发挥市场的决定性作用和更好地发挥政府作用，以科技创新促进新旧动能转换，为实现走在前列的目标提供科技支撑。山东省委、省政府出台了一系列政策和规定，力求使全省的创新能力和科研水平得到实质的提升。经过整理，山东省先后出台、修订或实施了《山东省高新技术发展条例》《山东省科技进步条例》《科技创新支持新旧动能转换的若干措施》等共 100 项法律法规和政策性文件。

第一节 山东省近期科技创新政策法规制定实施的总体情况

一、制定实施系统创新驱动发展战略及政策

2012年11月21日，山东省人民政府印发了《关于加快科技成果转化提高企业自主创新能力的意见(试行)》(鲁政发〔2012〕45号)。2016年7月，山东省委、省政府出台了《关于深化科技体制改革加快创新发展的实施意见》。2016年12月，又发布了《山东省“十三五”科技创新规划》。为加强创新驱动发展全面改革试验，2017年11月，山东省人民政府印发了《山东省创新型省份建设实施方案》，提出将加快推动全省经济结构优化调整，把山东省率先建成创新型省份，并针对创新、科研、经济、专利等各个方面制定了一整套的改革方案。

同时，山东省委、省政府积极推动国家自主创新示范区的建设，出台了《关于加快山东半岛国家自主创新示范区建设发展的实施意见》(鲁发〔2016〕30号)，提出要深化体制机制改革和完善科技创新政策，依托济南、青岛、淄博、潍坊、烟台、威海6个国家级高新技术产业开发区，构建在全球拥有一定影响力的海洋科技创新中心，将山东省发展成为转型升级的引领区、开放创新的先

导区、机制改进的试验区、创业创新的生态区。推进创新政策,深刻落实扶持高新产业发展、促进企业创新能力建设、加大对新型企业的投资力度、完善创新人才引进和激励等方面的政策,从而为全省的创新驱动发展提供动力,加快推进山东省成为国际一流的科技创新中心、科技人才流动的中心。

二、强化科技创新政策地方立法

山东省积极推进科技创新地方立法,加强科技创新的法制保障。2017 年 12 月 1 日,山东省第十二届人民代表大会常务委员会第三十三次会议修订了《山东省促进科技成果转化条例》(以下简称《条例》)。《条例》从立法上加大了科技成果转化主体权益的保障力度,给予了科研院所充分的科技成果转换自主权。政府设立的科研机构、高等学校对其持有的科技成果,可以自主决定实施、转让、许可或作价投资等事项。转化科技成果所获得收入全部留归本单位,其负责人履行了勤勉尽责义务后,免除决策责任。《条例》规定,科研机构、高等学校可以从科技成果转化净收入中提取不低于一成的比例用于绩效奖励;对科研人员进行奖励的收益比例由不低于 50%提高到 70%,对报酬的收益比例由不低于 5%提高到不低于 10%。着力解决山东省科技成果转化的突出问题。

三、制定落实普惠性科技创新政策

山东省全面深化扶持企业加速创新的政策，深入贯彻和优化国家高新技术企业创业的税收优惠、研发费用加计扣除等政策。山东省地税局全面贯彻落实国务院6项减税政策，积极与经信、科技、国税等部门协调建立高新技术企业税收减免联动机制。2017年，全省国、地税系统享受研发费用加计扣除优惠的企业3717户，增长97.08%；加计扣除金额163.83亿元，增长44.74%；有效期内高新技术企业减免企业所得税31.29亿元，增长27.97%；全面落实扩大小微企业税收优惠政策，2016年为4.41万户小型微利企业减免预缴企业所得税3.76亿元。

2016年12月，山东省财政厅、省科技厅、省国税局、省地税局印发了《山东省企业研究开发财政补助资金管理暂行办法》(鲁财教〔2016〕80号)，实施企业研发投入财政补助普惠政策，补助资金由省级、市级及以下财政按一定比例承担。受补助企业应已建立研发准备金制度，并先行投入自筹资金开展研发活动；应按规定完成年度研发费用加计扣除备案，且已享受研发费用加计扣除政策；年销售收入2亿元以上的企业，当年度研发投入须较上年度增加且占当年销售收入的3%(含)以上，且连续两个纳税年度享受研发费用加计扣除政策；年销售收入2亿元(含)以下的企业，当年度研发投入须占当年销售收入的5%(含)以上。对符合条件的年销售收入2亿元以上的企业，按其较上年度新增享受研发费用加计扣除费用部分的10%给予财政补助；符合条件的年销售收入2亿元（含）以下的企业，按其当年享受研发费用加计扣除费用总额的10%给予补助；单个企业年度最高补助金额不超过1000万元。

四、推进科技创新简政放权和市场化改革

山东省沿着企业的产业链来建立创新链，沿着创新链来部署资金链，整理和总结了已有的各项科技创新计划，将原来分散的科技专项变成以应用基础研究、研发平台和科技成果为主体的、相互衔接的科研计划体系，从而解决了科研资源和科研资金使用分散的问题。对科技创新薄弱环节进行了有效弥补，为科研活动的有效开展创造了良好的氛围。为加强对人才的扶持力度，山东省出台了《山东省科技人才推进计划实施方案》，给人才提供了良好的成长环境，有助于科研活动顺利地进行。建立了青年人才、创新创业人才、杰出青年、拔尖人才和领军人才5个层次人才的扶持计划体系，既加强培养从事应用基础研究人才的力度，也为有创造力的青年人才进入国家科技人才队伍提供良好的基础，尤其是针对突破重大关键技术的活动，为优秀科研领军人才的发挥建立更多的条件。

厘清市场和政府投入的边界，增加贷款贴息、后补助、奖励等

方式，探索通过政府和社会资本合作（PPP）、设立引导基金、投资基金等方式，吸引社会资金、金融资本参与和支持创新，提高财政科技资金的杠杆效应。一是充分发挥引导基金的作用，吸引社会资本加大对科技创新创业的投入。2015 年，山东省科技成果转化引导基金为 2.4 亿元、天使科技投资引导基金为 2 亿元，积极为科技成果转化和产业化企业提供风险投资支持，目前已带动创投机构 20 多亿元的投资。二是加快发展知识产权质押融资。出台了全国首个关于支持科技型公司知识产权质押融资的政策文件，设立山东省知识产权质押融资风险补偿基金，科技型小微企业融资难的问题得到缓解。仅 2015 年上半年，山东省就有 77 家科技型小微企业获得知识产权质押融资 15.3 亿元，比 2014 年同期翻了一番。国家将山东省列为知识产权质押融资试点省，国家知识产权局和财政部给予 5000 万元质押融资风险补偿基金支持。三是将“创新券”的使用范围扩大为所有科技型企业。利用计划资金对使用省大型科学仪器协作共用网仪器设备的科技型小微企业进行补助（“西部经济隆起带”地区小微企业的补助标准为 60%，其他地区为 40%），有力地促进了科技型小微企业创新创业活动的开展。

五、加强科技政策对创业的支持

山东省着力培育新型创新创业主体，2017 年，全省各地方政府支持“双创”的资金投入总额达29.6亿元，其中直接用于各类孵化载体的支持资金总额为5.9亿元。目前，山东省有10家科技企业孵化器、41家众创空间入围国家级孵化器和众创空间公示名单，国家级孵化器和众创空间数量将分别达到85家和203家，继续位列全国第三和第二。截至2017年年底，全省各类众创空间达681家，各类孵化器442家，加速器64家，孵化载体数量比去年年底分别增长了52.12%、33.91%和72.98%，“众创空间—孵化器—加速器”创业孵化链条日趋完善，而链条两端的众创空间和加速器呈现出更加强劲的发展态势，科技创业向大众延伸，与产业结合的趋势明显。

近年来，山东省陆续出台了《关于加快推进大众创新创业的实施意见》《山东省科学技术厅关于加快推进全省科技企业孵化器专业化发展的实施意见》《山东省科技企业孵化器和众创空间高新技术企业培育财政奖励资金管理办法》《山东省科技成果转化贷款风险补偿资金管理暂行办法》《山东省小微企业升级高新技术企业财政补助资金管理办法》《山东省高新技术企业科技保险补偿财政扶持办法》《山东省支持培育科技成果转移转化服务机构补助资金管理暂行办法》等政策文件，引导社会资金更多地用于科技创新，努力搭建科技资金投资平台，完善相关的服务体系，尝试连通科技、产业和金融这三大主体，从而帮助科技、金融与产业得到更好的发展。

第二节　山东省科技创新政策的归类分析

创新作为供给侧结构性改革的核心，必须针对创新进行“供给侧改革”，使创新的供给侧环境得到优化，从而改善创新建立的供给侧机制，建立起关于行业、技术、产品等创新的一系列制度，从而推动创新的发展。根据供给侧结构性改革，对山东省各项科技创新政策的内容进行辨别归类，整理出山东省科技创新供给政策62项，科技创新需求政策38项。在划分科技创新政策时，会出现一个政策法规同时包含两种甚至两种以上类别的现象。为解决某些政策难以划分类别的问题，本书根据主要的方面将其划分到某一类政策当中。

第一，科技创新供给政策，是为科技创新活动的持续活跃提供基本资源的政策，是促进科技创新活动和经济发展的推力。[①] 科技创新活动的基本资源主要包含相关的科研场所、高水平的科研人才以及先进的科研设备等方面。因此，科技创新供给政策常体现为资金供给类、人力资源供给类和体制机制供给类三大类。本书整理出山东省科技创新供给政策62项，其中资金供给类政

---

① 参见肖士恩：《基于创新型社会的地方科技创新政策评估理论研究》，《科技进步与对策》2010年第1期。

策23项，人力资源供给类12项，体制机制供给类27项。资金供给类政策主要包括科技创新财政投入政策、各类科技创新专项资金管理办法、科技创新活动税收优惠政策和科技创新活动投融资政策等，详见表5-1。人力资源供给类政策主要包括科技创新人才激励政策和科技创新人才培养政策等，详见表5-2。体制机制供给类政策主要包括科技管理体制、科技评价机制、科技成果转化机制等，详见表5-3。

表5-1　山东省科技创新供给政策的资金供给类目录

序号	文件名称	文号/年份
1	关于印发《国家科技成果转化引导基金管理暂行办法》的通知	2015-10-26
2	关于印发《山东省科技成果转化引导基金管理实施细则》的通知	鲁财教〔2015〕23号
3	山东省科学技术厅 山东省财政厅 山东省知识产权局关于印发《山东省小微企业知识产权质押融资项目管理办法》的通知	鲁科字〔2015〕88号
4	关于印发《山东省小微企业创新券管理使用办法》的通知	鲁科字〔2015〕80号

续表

序号	文件名称	文号/年份
5	山东省科学技术厅 中国银监会 山东监管局 山东省知识产权局关于印发《山东省科技型小微企业知识产权质押融资暂行办法》的通知	鲁科字〔2014〕66 号
6	关于印发《山东省重点研发计划管理办法》的通知	2017-12-27
7	国家税务总局关于研发费用税前加计扣除归集范围有关问题的公告	2017-11-28
8	山东省人民政府办公厅关于加快全省农业科技园区体系建设的实施意见	2017-03-23
9	关于印发《山东省企业研究开发财政补助资金管理暂行办法》的通知	鲁财教〔2016〕80 号
10	关于印发《山东省科技成果转化贷款风险补偿资金管理暂行办法》的通知	鲁科字〔2016〕173 号
11	山东省财政厅 山东省科学技术厅关于印发《山东省小微企业升级高新技术企业财政补助资金管理办法》的通知	鲁财教〔2016〕59 号

续表

序号	文件名称	文号/年份
12	关于印发《山东省高新技术企业科技保险补偿财政扶持办法》的通知	鲁财工〔2016〕11号
13	山东省财政厅 山东省科学技术厅关于印发《山东省支持培育科技成果转移转化服务机构补助资金管理暂行办法》的通知	鲁财教〔2016〕44号
14	山东省自然科学基金改革意见	鲁科基金字〔2014〕3号
15	关于改进山东省科学技术奖励工作的意见	2014-06-10
16	山东省科技厅关于印发《关于改进山东省科学技术奖励工作的意见》的通知	鲁科字〔2014〕73号
17	山东省科技惠民计划专项经费管理办法（试行）	2014-04-11
18	山东省科学技术奖励办法	2006-08-01
19	关于印发《山东省科技成果转化先导资金管理暂行办法》的通知	鲁科字〔2014〕118号
20	关于印发《山东省农业科技成果转化资金市场化运作管理暂行办法》的通知	鲁科字〔2014〕189号

续表

序号	文件名称	文号/年份
21	关于印发《山东省自主创新及成果转化专项贷款贴息和后补助项目管理补充规定》的通知	鲁科字〔2014〕135 号
22	山东省科学技术厅 山东省财政厅 山东省知识产权局关于印发《山东省知识产权质押融资风险补偿基金管理办法》的通知	鲁知管字〔2016〕6 号
23	关于印发《山东省省级天使投资引导基金管理实施细则》的通知	鲁财企〔2015〕7 号

表 5-2　山东省科技创新供给政策的人力资源供给类目录

序号	文件名称	文号/年份
1	关于印发《山东省企业科技特派员“千人服务千企”三年行动计划实施方案》的通知	2018-06-01
2	关于印发《山东省“千人计划”专家工作站管理办法》的通知	2018-02-13
3	科技领军人才创新工作室管理办法(试行)	2017-10-26

续表

序号	文件名称	文号/年份
4	关于印发《支持重点企业加快引进高层次产业人才实施办法》的通知	2017-02-08
5	关于印发《引进顶尖人才“一事一议”实施办法》的通知	2017-01-04
6	关于支持外籍科技人才参与科技创新的实施意见	2018-08-21
7	支持青年科技人才创新的若干举措	2018-08-14
8	山东省人民政府办公厅关于贯彻国办发〔2016〕32号文件加强科技特派员队伍建设的实施意见	鲁政办发〔2016〕49号
9	山东省科技厅关于印发《山东省科技人才推进计划实施方案》的通知	鲁科字〔2014〕88号
10	山东省委办公厅 山东省人民政府办公厅印发《关于进一步完善提升泰山学者工程的意见》和《关于实施泰山产业领军人才工程的意见》的通知	鲁办发〔2014〕36号

续表

序号	文件名称	文号/年份
11	关于印发《关于加强对西部经济隆起带和省扶贫开发重点区域人才支持的意见》的通知	鲁组发〔2014〕49 号
12	关于印发《泰山学者攀登计划实施细则》《泰山学者特聘专家计划实施细则》《泰山学者青年专家计划实施细则》的通知	鲁组发〔2014〕54 号

表 5-3　山东省科技创新供给政策的体制机制供给类目录

序号	文件名称	文号/年份
1	山东省人民政府办公厅转发省科技厅关于加快推进农业科技创新的意见的通知	鲁政办发〔2014〕37 号
2	山东省科技惠民计划管理办法(试行)	2014-04-11
3	关于印发《山东省重点实验室管理办法》的通知	2018-06-05
4	山东省人民政府办公厅关于进一步促进科技成果转移转化的实施意见	2018-04-03

续表

序号	文件名称	文号/年份
5	山东省促进科技成果转化条例	2017-12-01
6	关于印发《山东省院士工作站备案暂行办法》的通知	鲁科字〔2016〕102 号
7	关于深入开展国际科技合作的意见	鲁科字〔2015〕140 号
8	关于加快推进大众创新创业的实施意见	2015-08-28
9	山东省人民政府办公厅转发省科技厅关于加快建立科技报告制度的实施意见的通知	2015-03-26
10	关于改进和加强山东省级重点实验室建设的意见	2014-12-18
11	山东省科学技术厅 山东省知识产权局关于印发《关于进一步加快全省专利代理服务业发展的意见》的通知	鲁科字〔2014〕68 号
12	山东省科学技术进步条例	2012-05-01
13	山东省科学技术普及条例	2010-09-26
14	山东省促进科技成果转化条例	2017-12-01

续表

序号	文件名称	文号/年份
15	关于印发《山东省科研基础设施和科研仪器开放共享管理办法》的通知	2018-08-22
16	关于印发《加快推进企业技术研发和服务机构(岗位)建设的指导意见》的通知	2018-04-16
17	关于印发《科技创新支持新旧动能转换的若干措施》的通知	鲁科字〔2018〕39 号
18	山东省科学技术厅关于印发《山东省国际科技合作基地管理办法》的通知	鲁科字〔2018〕20 号
19	山东省科技厅 山东省教育厅 山东省财政厅印发《关于进一步加强大学科技园建设的实施意见》的通知	2017-12-28
20	中共山东省委 山东省人民政府关于深化科技体制改革加快创新发展的实施意见	鲁发〔2016〕28 号
21	山东省人民政府办公厅关于加快全省农业科技园区体系建设的实施意见	鲁政办字〔2017〕47 号
22	山东省人民政府关于印发山东省“十三五”科技创新规划的通知	鲁政字〔2016〕281 号

续表

序号	文件名称	文号/年份
23	山东省人民政府办公厅转发省财政厅等部门关于改革省属高校科研院所科技成果使用处置和收益管理制度的意见的通知	鲁政办发〔2015〕42 号
24	中共山东省委 山东省人民政府关于加快山东半岛国家自主创新示范区建设发展的实施意见	鲁发〔2016〕30 号
25	关于印发《关于深入推进渤海粮仓科技示范工程实施的指导意见》的通知	鲁科字〔2016〕83 号
26	关于印发《山东省科研院所法人治理结构建设实施方案》的通知	鲁科字〔2016〕147 号
27	科技副职挂职工作实施细则	鲁组发〔2014〕55 号

第二，科技创新需求政策，此政策是针对科研成果需求的相关政策。有形的产品及无形的服务组成了科技创新的成果，这些可以更直接地映射出该地区科技创新的实力。[①] 企业是科技创新

① 参见[美]弗兰克·费希尔：《公共政策评估》，吴爱明等译，中国人民大学出版社 2003 年版，第 78 页。

成果的主体。知识产权政策、技术市场政策、企业项目扶持政策、高技术产业扶持政策等均是科技创新需求政策的主要体现，也就是说，通过提高对科研产品和相关服务的需求来加大企业创新的活跃程度。本书整理出科技创新需求政策 38 项，其中知识产权需求类 17 项，技术市场需求类 3 项，企业技术创新需求类 15 项，高技术产业需求类 3 项。知识产权需求类政策主要包括知识产权政策和各类项目的专利需求政策等，详见表5-4。技术市场需求类政策主要包括各类技术市场中介服务机构的认定管理政策、科技成果转化政策和促进技术市场交易的产业政策等，详见表 5-5。企业项目需求类政策主要包括政府采购政策、企业科技创新项目政策和创新产品需求政策等，详见表 5-6。高技术产业需求类政策主要包括高技术产业产品需求政策和高技术产业企业认定政策等，详见表 5-7。

表 5-4　山东省科技创新需求政策的知识产权需求类目录

序号	文件名称	文号/年份
1	山东省人民政府关于印发《山东省“十三五”知识产权保护和运用规划》的通知	鲁政发〔2017〕25 号
2	山东省专利纠纷处理和调解办法	2016-02-26
3	山东省人民政府办公厅关于印发山东省专利奖励办法的通知	鲁政办字〔2015〕45 号

续表

序号	文件名称	文号/年份
4	山东省科学技术厅 山东省知识产权局关于印发《关于进一步加快全省专利代理服务业发展的意见》的通知	鲁科字〔2014〕68 号
5	山东省人民政府关于加强知识产权工作提高企业核心竞争力的意见	鲁政发〔2012〕46 号
6	山东省专利条例	2013-08-01
7	山东省知识产权促进条例	2010-05-30
8	山东省财政厅 山东省科学技术厅 山东省知识产权局关于印发《山东省重点产业知识产权运营引导基金管理实施细则》的通知	鲁财教〔2015〕66 号
9	中国人民银行济南分行 山东省科技厅 山东银监局 山东证监局 山东保监局 山东省知识产权局关于贯彻落实银发〔2014〕9 号文件扎实做好科技金融服务的意见	济银发〔2014〕37 号
10	山东省人民政府办公厅关于转发省知识产权局等单位山东省深入实施知识产权战略行动计划(2015-2020 年)的通知	鲁政办发〔2015〕40 号
11	关于印发《山东省企业知识产权管理标准化推行工作意见》的通知	鲁知办字〔2013〕38 号

续表

序号	文件名称	文号/年份
12	关于印发《山东省知识产权试点和示范单位(园区)年度考评奖励实施细则》的通知	鲁知管字〔2013〕105 号
13	关于印发《山东省知识产权运营试点实施方案》的通知	鲁知规字〔2015〕16 号
14	关于印发《山东省专利导航试点工程实施方案》的通知	鲁知规字〔2015〕58 号
15	山东省知识产权局、山东省高级人民法院印发的《山东省知识产权局 山东省高级人民法院关于建立专利纠纷诉调对接机制的若干意见》的通知	鲁知法字〔2015〕64 号
16	关于印发《山东省推进重点产业知识产权保护联盟工作办法》的通知	鲁知法字〔2015〕59 号
17	山东省知识产权局关于印发《山东省举报假冒专利行为奖励办法(试行)》的通知	鲁知法字〔2016〕25 号

表 5-5　山东省科技创新需求政策的技术市场需求类目录

序号	文件名称	文号/年份
1	山东省人民政府关于加快全省技术转移体系建设的意见	鲁政发〔2018〕13 号

续表

序号	文件名称	文号/年份
2	山东省人民政府办公厅转发省科技厅关于加快全省技术市场发展的意见的通知	鲁政办发〔2015〕28 号
3	山东省技术市场条例	2003-09-26

表 5-6 山东省科技创新需求政策的企业项目需求类目录

序号	文件名称	文号/年份
1	山东省人民政府关于贯彻国发〔2014〕49 号文件加快科技服务业发展的实施意见	鲁政发〔2015〕13 号
2	山东省科技厅 山东省财政厅关于印发《山东省技术创新中心管理办法》的通知	2017-11-13
3	山东省科学技术厅关于印发《山东省种业科技发展纲要(2015-2025 年)》的通知	鲁科字〔2015〕77 号
4	关于印发《山东省技术先进型服务企业认定管理办法(试行)》的通知	鲁科字〔2018〕16 号
5	山东省人民政府办公厅转发省科技厅山东省科技服务业转型升级实施方案的通知	鲁政办字〔2016〕114 号
6	山东省人民政府办公厅转发省科技厅省知识产权局山东省知识产权服务业转型升级实施方案的通知	鲁政办字〔2016〕104 号

续表

序号	文件名称	文号/年份
7	山东省人民政府办公厅转发省科技厅关于加快推进大众创新创业的实施意见的通知	鲁政办发〔2015〕36 号
8	山东省人民政府办公厅转发省科技厅关于加快推动创新型产业集群发展的意见的通知	鲁政办发〔2015〕4 号
9	山东省人民政府关于加快科技成果转化提高企业自主创新能力的意见(试行)	鲁政办发〔2012〕45 号
10	关于印发《培育科技创新品牌 深入开展“双创”活动的实施意见》的通知	鲁科字〔2016〕50 号
11	山东省科学技术厅 山东省财政厅关于印发《科技型小微企业共享科学仪器设备扶持办法(试行)》的通知	鲁科字〔2014〕97 号
12	山东省人民政府关于加快全省技术转移体系建设的意见	鲁政发〔2018〕13 号
13	山东省科学技术厅关于加快推进全省科技企业孵化器专业化发展的实施意见	鲁科字〔2015〕119 号
14	关于印发《泰山产业领军人才工程高效生态农业创新类实施细则(试行)》等四个文件的通知	鲁组发〔2015〕23 号

续表

序号	文件名称	文号/年份
15	关于印发《泰山产业领军人才工程科技创业类实施细则(试行)》的通知	鲁组发〔2015〕24 号

表 5-7 山东省科技创新需求政策的高技术产业需求类目录

序号	文件名称	文号/年份
1	山东省人民政府办公厅关于印发山东省农业高新技术产业开发区建设管理办法的通知	鲁政办字〔2016〕148 号
2	山东省人民政府办公厅转发省科技厅关于支持高新区科技型小微企业创新发展的若干意见的通知	鲁政办发〔2014〕11 号
3	山东省高新技术发展条例	2005-09-29

第三节 山东省科技创新政策的现状分析

山东省委、省政府和各部门针对科技创新出台了很多政策。2009～2018 年的 10 年间，共发布了 100 余项关于科技创新的政策，并且已开始形成一定的规模。这些政策可以分为 62 项科技创新的供给政策和 38 项科技创新的需求政策，两者的比例大约为 1.63∶1。

以上统计说明，2009～2018 年山东省发布的科技创新政策，基本做到了在两类政策的制定和实施数量上比较均衡，且基本上把这两种细分政策放在了同一高度，并给予同样的重视。与此同时，山东省科技创新供给政策的比重略大，说明山东省在促进科技创新活动方面着力实施推力政策，供给侧改革的重点内容就是科技创新，利用科技创新来拓展新的动力，找到产业新的发展方向，按原定计划科技创新的空间，提高发展的质量，进而可以使社会生产力得到提高。对比前述科技创新供给政策和需求政策包含的政策目录，可以得出各类科技创新政策所占比重，如图 5-1 所示。人力资源供给类政策在科技创新供给政策中与资金供给类政策的数量相比有一定的差距，且资金供给类政策的数量在整个山东省的科技创新政策中也排在首位。这充分说明了山东省在财政上确实为科技创新提供了巨大的推动力。对于科技创新需求政策而言，知识产权需求类、企业技术创新需求类、高新技术产业需求类以及技术市场需求类这 4 个主要类别在数量上基本保持一致。这说明，在科技创新需求方面，山东省采用了将不同种类的需求逐个解决的战略，使得技术市场、知识产权、高新技术产业以及企业技术创新在需求上都能得到有效的发展和完善。就目前来看，科技创新环境政策在整体上比科技创新供给政策和科技创新需求政策略低，不过在科技创新政策中，山东省经济环境类的政策总数在科技创新政策中已经排到了第二位。这一数据说明，山东省已经意识到经济水平的发展将有效地推进科技创新。

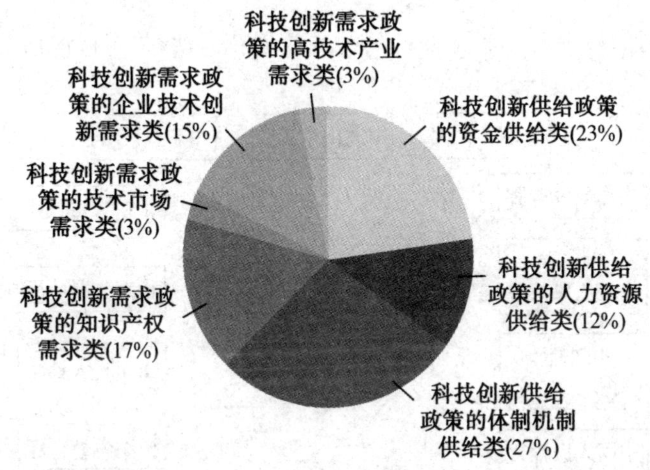

图 5-1 山东省各类具体科技创新政策所占比重

如图 5-2 所示，山东省人大、省委、省政府、省科技厅、省高级人民法院、省发改委、省财政厅、省知识产权局等多个政府部门都是科技政策颁布的主体部门。山东省多采用多部门齐力协作，多采用各部门一起研究科技创新政策的方向，然后联合发布的形式发布新的科技创新政策。从颁布科技创新政策的主体可以看出，各个政府部门合作协商有利于将科技创新体系的完整性建立起来，可以大大降低由单个部门制定相关政策而导致的一些冲突现象，加强了科技创新政策的可行性以及合理性。① 虽然科技创新政策是由多个部门共同制定的，但是也会有一个主要的牵头部门，一般是山东省政府办公厅和科技厅，牵头部门在很大程度上保证了各个部门制定政策的效率以及合理性和持续性。同时，也有助于相关部门的后续工作者开展相关的科技创新活动，并实行评估统计。

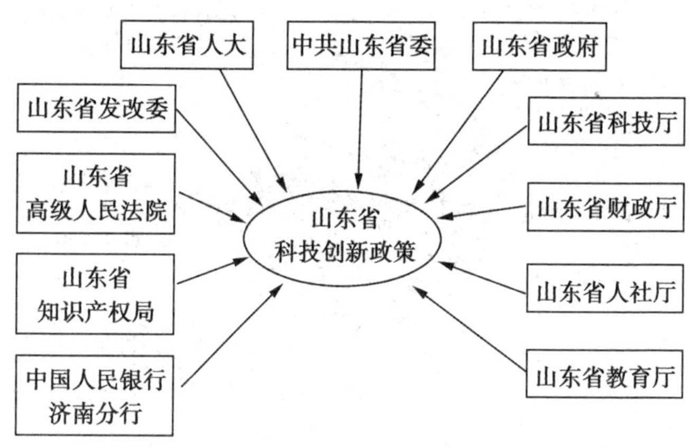

图 5-2 山东省科技创新政策的颁布主体

企业、政府部门、科研生产基地、高新技术开发区等都是山东

① 参见陈振明：《公共政策学：政策分析的理论、方法和技术》，中国人民大学出版社2004年版，第34～38页。

省科技创新政策的作用对象，这说明山东省已经基本搭建起科技创新政策体系的架构，构建了“官产学研用”的科技创新链条。山东省科技创新政策的作用对象以高新技术企业为主，并涉及各大、中、小规模的科技创新型企业。同时，山东省人民政府还将科技中介机构归至科技创新政策制定的对象当中，例如，技术市场需求类和支撑服务体系环境类都属于科技创新需求政策中的科技中介机构。[①]

从政策发布时间上看，山东省科技政策改革推进的速度明显加快，受供给侧结构性改革和新旧动能转换的影响，山东省对科技创新政策越来越重视。如图 5-3 所示，2009～2013 年颁布的科技创新政策均在 5 件以下，从 2014 年开始，呈现井喷之势，2014～2016 年每年颁布的科技创新政策均维持在 20 件及以上，2017 年有所减缓，为 13 件，2018 年上半年已颁布 9 件。这说明，在供给侧结构性改革下，尤其是山东省获批新旧动能转换综合试验区后，山东省的科技创新政策在新旧动能转换重大工程实施之后数量有了很大的提升，政策将新技术、新产业和新模式作为核心，将科技、人才、高校、信息等新生产要素作为支撑，从而推进产业科技化、科技产业化、多界融合化、高端品牌化。

① S. E. Cozzens, Science, and Innovation Policy Studies in the United States: Past and Present, School of Public Working Paper, No. 53, 2010.

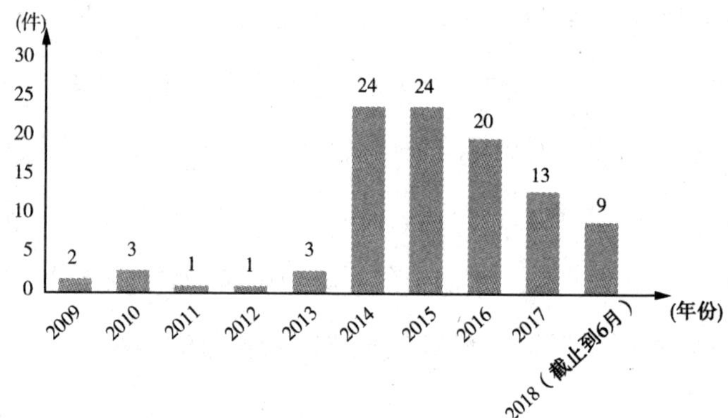

图 5-3 山东省科技创新政策颁布时间的分布

从政策包含内容上看，山东省科技创新政策覆盖资金供给类、人力资源供给类、体制机制供给类、知识产权需求类、技术市场需求类等多个方面。资金供给类政策主要针对政府和企业两个方面加大研发费用扶持力度，帮助组建高层次的研发设计机构，促进科技成果转化，对相关企业提供贴息贷款等资金支持。科技创新人才供给政策鼓励培养和引进科技创新人才，支持企业和科研机构引进各类人才，并提供各种优惠条件。体制机制供给类政策则为科技创新提供良好的政策环境，主要着力于绩效评价、释放科技人员创新活力等方面。知识产权需求类科技创新政策主要是鼓励个人、企业和科研机构通过专利保护和知识产权管理申报专利，合理简化审批程序，激发全社会的科技创新需求。

目前，山东省科技创新政策是多部门合作制定的，并且已经有了一定的规模，所有科技创新环节基本都包含在这些政策范围内，政策涉及的范围十分广泛。

第六章

山东省科技政策、企业研发及绩效的实证分析

当前，为促进企业进行技术创新，山东省采取的是政府科技政策中的直接资助，该政策在企业科技活动应用中的实行状况怎么样，能否较好地带动山东省企业的R&D投入？接下来将针对这些问题进行具体分析。

第一节 山东省企业R&D活动获得政府直接资助的现状分析

一、山东省企业获得政府科技资助的规模及一般途径

2005～2016年，山东省规模以上工业企业的R&D经费支出中从政府获得的科技资助达229.09亿元(见表6-1)，年平均增长率为21.07%。尽管总量明显增加，但从表6-1中也可以看出，政府的资金并不稳定，呈波动状态，如2008年的增长率接近90%，而2006年的增长率仅约为16%，从2013年起，企业的R&D活动经费来自政府的资金增长率均在8%以下，与2013年之前相比差距很大，2014年和2016年更是出现了负增长(分别为－5.10%和－4.29%)，R&D活动的开展势必会受到一定影响。另外，政府资金占企业总R&D投入的比重基本处于2%～3%之间，这样的比例是很低的，近10年政府资金占山东省企业R&D投入的比重平均仅为2.62%。也就是说，山东省企业的R&D投入主要依靠产业部门筹集，政府给予的扶持相对较少。

表 6-1 各年度山东省规模以上工业企业 R&D 经费内部支出中来自政府的资金情况

年份	2005	2006	2007	2008	2009	2010	2011	2012	2013	2014	2015	2016
来自政府部门资金(亿元)	3.78	4.38	5.52	10.44	12.85	16.89	20.75	29.56	31.60	29.99	32.36	30.97
增长率(%)	—	15.96	25.89	89.22	23.11	31.43	22.88	42.43	6.92	−5.10	7.90	−4.29
占企业总R&D投入的比重(%)	2.35	2.24	2.06	2.78	2.81	2.87	2.79	3.26	3.00	2.55	2.51	2.19

资料来源:根据历年《山东统计年鉴》整理获得,由于 2008 年之前采用的是科技活动经费筹集的统计数据,2009 年之后采用的是 R&D 经费支出的统计数据,缺乏 2005 年之前的 R&D 经费支出数据,因此,此表从 2005 年算起。

山东省的企业除可以申报国家级、省级及市级等各类科技计划项目外(见表 6-2),还可以获得很多其他途径的资助。山东省不断扩大对企业的科技资助范围,如培育高新技术企业及其研发中心、创新型中小企业、高校重点学科实验室、创新科技服务中心、科研产业孵化器等各种科技载体。《中共山东省委 山东省人民政府〈关于加速高新技术产业化的若干意见〉》(鲁发〔1999〕26 号)、《山东省人民政府办公厅转发省科技厅关于支持高新区科技型小微企业创新发展的若干意见的通知》(鲁政办发〔2014〕11 号)等指出,要不断加大对科技型中小企业的扶持力度。根据山东省经济情况,逐渐加大中小企业创新发展所需的专项扶持的资金规模,同时要在资金投向、项目安排上衔接好与科技型中小企业创新基金的关系。

表 6-2 企业获得政府直接科技资助的途径

国家级资助	省级资助	地方市级资助
国家科技攻关计划项目 “863”计划项目 国家级星火计划项目 (星火计划项目及基地、农业科技成果转化资金) 国家科技成果重点推广计划项目 科技兴贸行动计划项目 重大基础研究前期研究专项 国家重点基础研究发展计划(“973”计划)项目 火炬计划项目 (国家火炬计划项目、科技型中小企业技术创新基金、国家重点新产品计划项目、国家火炬计划特色产业基地) 国家各级科技计划建议贷款项目 …… 各类研发中心、园区类、孵化器等创新载体建设项目	山东省科技发展计划(原山东省科技攻关计划)项目 山东省星火计划项目 山东省火炬计划项目 山东省高新技术发展资金计划项目 山东省资助创新成果转化重大专项 山东省自然科学基金 山东省优秀中青年科学家科研奖励基金(博士基金) 山东省科技型中小企业创新发展专项扶持资金 …… 各类研发中心、园区类、孵化器等创新载体建设项目,如山东省省级科研重点实验室,山东省科技企业孵化器财政专项资金	济南市科技发展计划(原济南市科技攻关计划)项目 济南市产学研合作项目 济南市科技成果转化计划项目 济南市千层次创业人才引进计划政策 济南青年科技明星计划 留学人员创业计划 …… 科技基础条件平台建设计划,如各专业技术平台、科技条件和创新服务平台、创新孵化基地建设 政策引导计划,如专利实施补助经费、科技型中小企业创新基金

资料来源:根据国家科技部、山东省科技厅、济南市科技局网站整理所得。

地市级政府也加大了资助研发活动的力度。2017 年，济南市为提高财政资金的使用效益，加快知识产权强市建设，制定了《济南市知识产权（专利）专项资金管理暂行办法》，进一步加大了对专利的资助力度。对国内授权发明专利，给予 2000 元/件的资助；对国外授权发明专利，给予 1 万元/件的资助。针对已经获得数个国家专利权的同一项发明创造，政府规定最多可以资助 5 个国家；PCT 专利申请被受理并缴纳费用的，单位申请资助 1 万元/件，个人申请资助 4000 元/件。企业年度发明专利授权量超过 10 件的，在普通资助的基础上给予奖励，达到 10～20 件的奖励 5 万元，21～50 件的奖励 10 万元，50 件以上的奖励 20 万元；科研院所年度发明专利授权量超过 20 件的，在普通资助的基础上给予奖励，达到 20～30 件的奖励 5 万元，31～50 件的奖励 10 万元，50 件以上的奖励 20 万元；驻济高校年度发明专利授权量超过 100 件的，在普通资助的基础上给予奖励，达到 100～200 件的奖励 5 万元，201～300 件的奖励 10 万元，300 件以上的奖励 20 万元。企事业单位年度 PCT 专利申请超过 5 件的，在普通资助的基础上给予奖励，达到 5～10 件的奖励 5 万元，11～20 件的奖励 10 万元，20 件以上的奖励 30 万元。

二、山东省企业获得政府科技资助的结构分析

根据《山东统计年鉴》的有关统计数据，进一步分析不同类型

及行业的山东省企业获得政府科技资助的情况。

从企业性质来看，企业登记注册的类型有内资企业、港澳台商投资企业、外商投资企业3大类16小类。表6-3列出了山东省不同性质类型企业得到的资金支持。从表6-3的统计数据中可以发现，2016年获政府资助最多的是有限责任公司，占37.27％，比2010年所占比重下降了将近7个百分点；私营企业获得的政府科技资助明显增多，2016年私营企业获得的政府科技资助占全部政府科技资助的27.66％，仅次于有限责任公司，而这一比重在2010年仅为8.23％，这六年，私营企业获得的政府科技资助在全部政府科技资助中的比重增加了19个百分点，说明私营企业的研发能力也逐渐强大，政府也比较注重私营企业的研发。其他各类型企业在山东省政府科技资助中的比重比较均衡。2010年有限责任公司和股份有限公司两大类登记注册企业占了政府所有针对科技创新活动资金支持的63.47％，是政府科技创新活动所资助的主要载体；2016年则变成了有限责任公司和私营企业，这两类企业是政府科技活动资助的主要对象。国有企业和集体企业获得的政府资助相当，国有企业在获得政府资助方面并不占优，2010年和2016年私营企业获得的政府资助均高于国有企业。

表 6-3 山东省规模以上工业企业(按登记注册类型分组)获得政府科技活动资金的比重(前 10 位)

单位:%

类型	有限责任公司	股份有限公司	私营企业	国有企业	中外合资经营企业	外商投资股份有限公司	集体企业	合资经营企业(港或澳、台资)	外资企业	股份合作企业
2010 年比重	44.02	19.45	8.23	7.76	6.84	4.52	3.92	2.30	1.19	0.65
2016 年比重	37.27	18.82	27.66	2.40	4.51	0.71	3.05	1.67	0.33	0.03

资料来源:根据《山东统计年鉴 2011》和《山东统计年鉴 2017》整理获得。

从行业来看,医药制造业,化学原料及化学制品制造业,电气机械及器材制造业,通信设备、计算机及其他电子设备制造业,石油和天然气开采业是国民经济 39 个行业中得到政府科技资助最多的 5 个行业,这 5 个行业的资助合计共占 50.31%。扣除未获得政府科技资助的黑色金属矿采选业,其他采矿业,烟草制品业,废弃资源、废旧材料回收加工业,电力、热力的生产和供应业,以及燃气生产和供应业这 6 个行业,进一步分析山东省制造业中各行业的科技活动对政府资助的依赖性(见图 6-1)。在图 6-1 中,横坐标为每个行业的 R&D 投入占该行业销售收入的比重,纵坐标为各个行业获得的政府 R&D 资金占该行业总 R&D 投入的比重，每一个符号代表一个行业，符号边的数字为行业代码，具体对应如图 6-1 右边所示。把代表行业的 33 个散点划分成 4 个区域，即Ⅰ区域(21 个行业)、Ⅱ区域(4 个行业)、Ⅲ区域(1 个行业)和Ⅳ区域(7 个行业)。

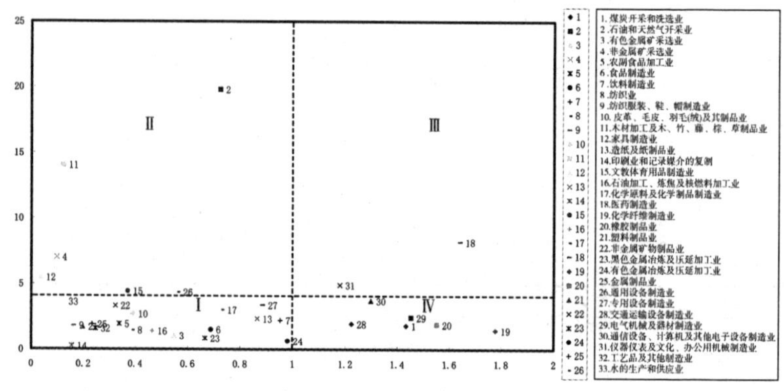

图 6-1　山东省规模以上工业企业(按行业大类分组)获得政府科技资助的情况

图 6-1 中的Ⅰ区域，政府资金补助以及整个行业总 R&D 的投入均偏少，创新力和竞争力均有被减弱的势头，如无资源禀赋优势的有色金属矿采选业，传统而技术创新能力较弱的食品制造业，饮料制造业，纺织业，纺织服装、鞋、帽制造业等。值得注意的是，代表先进制造业的通用设备制造业、专用设备制造业也在此区域内，说明这两个行业的 R&D 投入低，长此以往，该行业将缺乏竞争力；Ⅱ区域的政府科技资助比重并不低，但 R&D 总投入却不高，说明政府资助对这些行业很重要，如石油和天然气开采

业；非金属矿采选业，木材加工及木、竹、藤、棕、草制品业，家具制造业等，这些行业虽是传统行业，创新点很少，但因涉及人民生活和农业等问题，因此成为政府关心和支持的行业。Ⅲ区域的医药制造业是有一定技术密集型产业的代表，因此政府对该行业研发的资助以及行业的R&D总投入都处于比较高的水平，是具有科技研发创新活力的产业。Ⅳ区域主要有交通运输设备制造业，电气机械及器材制造业，通信设备、计算机及其他电子设备制造业，仪器仪表及文化、办公用机械制造业等，这些行业的政府资助比重低但行业R&D投入却是另一种情况，说明这些行业的科技活动不依赖政府资助，而是更多地依赖企业自身，伴随着企业的发展以及不断提升技术创新的投入能力，未来一定会有更多的行业不断地加入这一区域，丰富这一区域的科技创新活动。

三、企业R&D活动获政府直接资助的比较分析

政府在制定针对企业的科技资助政策之前，不仅要对现状有一定的认识，而且还应该通过横向分析明确资金补助的方向和数额。本部分以山东省政府的直接资金补助占企业R&D总投入的比例作为衡量依据。根据《中国科技统计年鉴》《山东统计年鉴》和美国《科学与工程指标2006》(*Science and Engineering Indicators 2006*)中的相关数据，考察山东省企业的科技投入中获得的政府资助水平与全国总体水平及美国企业的差距。

图 6-2、图 6-3 分别以年份为横坐标，以企业获得的政府直接科技资助经费占企业科技总投入的比例为纵坐标，得到的数据有如下特点：(1)从国家层面看，总体均呈下降趋势，美国从最高的 60.62%(1960 年)下降为 2000 年前后的 10%左右，说明美国企业的 R&D 投入在经过 20 世纪 60～80 年代政府的大力度支持后，企业研发团队的水平得到了明显的提升，因而转化为以企业投入作为主要来源的科技创新格局。(2)中国企业与美国企业相比，获得的政府科技资助一直较低，比重均在 5%以内，2005 年到达最低点 3.07%，2006 年开始上升，总体呈 U 形趋势。(3)山东省企业获得的政府资助比重更低于全国企业的总体水平，尤其在 2005 年以前，这个差距很明显，2005～2008 年差距有所缩小，但 2009 年和 2010 年差距又开始拉大，总体呈阶梯式上升趋势，政府资助占企业科技总投入的比重增加。2003 年到达最低点 1.39%，2004 年开始上升，2007 年又到了低点 2.06%，此后开始上升并保持稳定，2012 年达到顶点3.26%，从 2012 年又开始有所下降，总体上经历了 2002～2011 年的波动后在 2012 年达到顶点后就开始下降；但该比重低于全国总体水平，原因可能是山东省企业的 R&D 投入对政府的依赖性较弱，更多是由企业自主投入来支持技术创新活动。通过与同期我国其他省(市)的此比重相比较发现，上海、江苏及浙江等经济发达地区的该值均较低，相反一些经济欠发达的内陆省(市)如陕西、甘肃、贵州、江西等的比重则较

高，说明这些地区企业的 R&D 投入相对更依赖政府的资助。

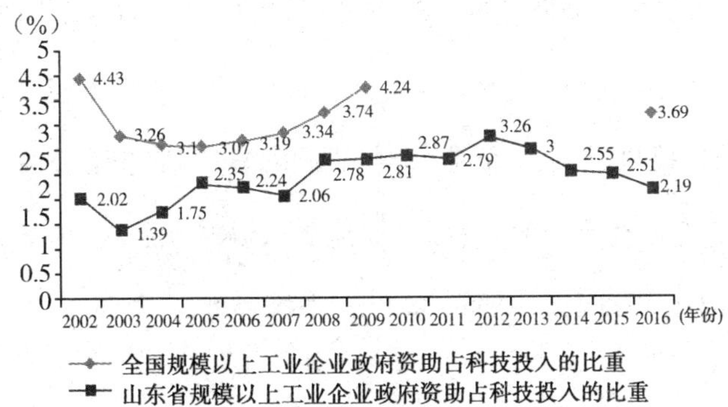

图 6-2 全国及山东省规模以上工业企业政府资助占企业科技总投入的比重

资料来源：根据《中国科技统计年鉴》和《山东统计年鉴》整理获得。

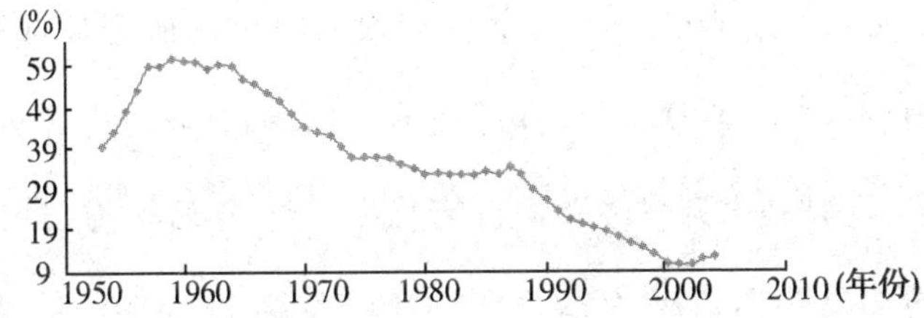

图 6-3 美国企业获得的政府科技资助占企业科技总投入的比重

资料来源：丁小义、潘申彪、余红娜：《政府直接资助与浙江省企业 R&D 投入分析》，《科学学研究》2007 年增刊第 2 期。

美国等发达国家针对企业创新发展的经验告诉我们，一段特殊的培育期对企业自主技术创新能力的提高是非常必要的，在这段过渡期内，一般来说政府的资金支持开始是很重要的，其作用主要是激发以及引导企业 R&D 投入的增加，比如，20 世纪

60～70 年代美国政府对创新型企业资助的比重已经超过了 50%。OECD 秘书处经过统计与分析，指出 OECD 成员国中政府 R&D 资金支持与全国 R&D 总支出的比例大体上维持在 30%，政府也会提供给各个企业每年在研发方面所花经费的 8%～10%。[①] 上述经验表明，我国政府应加大从中央到地方长期不断地提升针对科技创新型企业的资金支持力度。

第二节　政府科技政策对企业产出的影响

目前，国内在 R&D 投入方面没有具体的研究数据和统计资料，且一些不同机构的统计标准不一样，如企业的内部科技投入，以前称为“技术开发经费内部支出”，2000 年后称为“科技活动经费内部支出”，2009 年又发生了改变，称为“R&D 经费内部支出”。依据国家统计局的规定，企业科技活动经费可以分为两个大的方面，分别为外部支出和内部支出。其中内部支出又可以分成两种，分别为基本建设支出和日常支出；而另一种支出则为相同的项目向别的单位支付的经费。依据 OECD 中大部分国家的

① D. Guellec and Bruno Van Pottlesberghe De La Potterie, “The Impact of Public R&D Expenditure on Business R&D”, *Economics of Innovation and New Technology*, 2003, 12(3): pp. 225-243.

经验，内部科技活动支出占全部科技支出的比例为90%左右，本节使用企业科技活动内部经费支出（2008年以前）和R&D经费内部支出（2009年及以后）来表征企业在R&D方面的支出。

一、政府直接资助对企业产出的影响

（一）建立模型

C-D生产函数的模型：C-D生产函数是20世纪30年代由美国著名数学家柯布和经济学家道格拉斯共同提出来的。它研究了产出与投入的关系，并用数学函数描述了这种关系。因为使用方便而且具有经济学家理想中的极小性，它已成为经济学上最普遍的研究方法。其一般形式为

$$Y = A(t)L^{\alpha}K^{\beta}\mu \tag{6-1}$$

式中，Y为工业总产值；$A(t)$为综合技术水平；L为投入的劳动力数；K为投资的成本；α、β为弹性系数；μ为随机干扰的影响。利用C-D生产函数的思想和程华的模型[①]，构建R&D投入对企业产出影响的模型：

$$Q_{i,t} = C + aK_{i,t} + bL_{i,t} + cZF_{i,t} + dQY_{i,t} + eJR_{i,t} + \varepsilon_{i,t} \tag{6-2}$$

---

① 参见程华：《政府科技资助对企业R&D产出的影响——基于我国大中型工业企业的实证研究》，《科学学研究》2008年第6期。

式中，i 表示产业，t 表示时间；Q 表示 R&D 产出；K 表示资本投入（用固定资产余额计算）；L 表示人员投入（用科技活动人员计算）；R&D 资金投入分为政府、企业和金融机构投入，因此，ZF 表示政府对企业的科技政策，QY 表示企业自身 R&D 的投入，JR 表示用于企业 R&D 的金融机构贷款；C 表示常数项，$\varepsilon_{i,t}$ 表示方程的残差；a、b、c、d、e 为系数。

为了减少异方差，对模型进行对数处理，可得

$$\ln Q_{i,t} = C + a\ln K_{i,t} + b\ln L_{i,t} + c\ln ZF_{i,t} + d\ln QY_{i,t} + e\ln JR_{i,t} + \varepsilon_{i,t} \tag{6-3}$$

此方程即为本节研究的基本模型。

考虑到 R&D 投入的滞后效应，我们使用前一期的资金投入，则式(6-3)变为

$$\ln Q_{i,t} = C + a\ln K_{i,t} + b\ln L_{i,t} + c\ln ZF_{i,t-1} + d\ln QY_{i,t-1} + e\ln JR_{i,t-1} + \varepsilon_{i,t} \tag{6-4}$$

（二）数据说明及来源

本节利用面板数据进行分析，并依据面板数据总结了时间序列和截面数据方面的信息，对时间序列采取多个角度进行分析，根据样本观测值选择样本数据。从数据分析的角度来看，该种数据模型不仅使样本数据量增加了，而且还使得样本数据的种类更

加多样，这样可以减弱解释变量多重共线性的影响，从而使误差降到最低。

将 R&D 产出的衡量标准定为专利的多少，这是有一定缺陷的，实际上，专利是 R&D 投入后产生的中间成果，不能准确地表现出 R&D 投入为企业生产带来的具体实际影响。所以，本书表现企业 R&D 产出采用的是新产品销售收入。

由于 2009 年和 2010 年的数据中没有企业 R&D 的金融机构贷款，因此，本节研究剔除这两年的数据，选取规模以上工业企业的相关数据作为研究样本，数据来源于《山东统计年鉴》和《山东科技统计年鉴》。本节使用的产业分类依据的是 2015 年《山东统计年鉴》中规模以上工业企业的分类，以往各年的产业名称均以此年为标准进行适当调整。为了保持各年数据的完整性，舍去“其他采矿业”等 18 项，保留 21 项行业。这不会影响数据的有效性。

产出(Q)用新产品销售收入表示，资本投入(K)用固定资产余额来表示，劳动力数量(L)用年末科技活动人员数量表示。

(三)实证分析

在进行面板数据分析之前，需要确定采用哪种估计方法，经过 Eviews 6 计算后，应采用个体固定效应回归模型的估计方法。

利用式(6-3)得出的回归结果见表6-4，表示当期资金投入对企业产出的影响。从表6-4中可以看出，该模型的拟合优度较好，Adjusted R-squared为0.934020，F检验和D-W检验都显著。政府科技资助和企业R&D产出之间的弹性为负(−0.100232)，但是不显著；金融机构的贷款与企业R&D产出之间的弹性为正(0.068023)；企业自身的R&D支出明显促进了R&D产出，弹性系数为0.862309，而且显著，t检验为6.623927。

表6-4　　式(6-3)的回归结果

Dependent Variable：Q

Method：Pooled Least Squares

Date：12/19/17　Time：14:59

Included observations:14

Cross-sections included：21

Total pool (balanced) observations:294

Variable	Coefficient	Std. Error	t-Statistic	Prob.
C	−2.868765	1.408033	−2.037428	0.0435
ZF	−0.100232	0.044454	−2.254728	0.0257
QY	0.862309	0.130181	6.623927	0.0000
RJ	0.068023	0.038556	1.764268	0.0798
L	0.103640	0.178411	0.580907	0.5622
K	0.383869	0.150926	2.543423	0.0120

续表

Fixed Effects (Cross)	
1—C	－0.277990
2—C	0.042403
3—C	－0.072077
4—C	－0.103284
5—C	0.688605
6—C	0.173225
7—C	－0.140326
8—C	－0.466605
9—C	0.154801
10—C	0.360593
11—C	－0.486973
12—C	－0.173516
13—C	0.467104
14—C	－0.063166
15—C	0.168637
16—C	0.894409
17—C	0.758389
18—C	0.650476
19—C	1.153353
20—C	0.301140
21—C	－4.029199

续表

Effects Specification			
Cross-section fixed (dummy variables)			
R-squared	0.943898	Mean dependent var	13.02823
Adjusted R-squared	0.934020	S.D. dependent var	1.713121
S.E. of regression	0.440041	Akaike info criterion	1.337489
Sum squared resid	27.49632	Schwarz criterion	1.820960
Log likelihood	−86.34909	Hannan-Quinn criter.	1.533705
F-statistic	95.56326	Durbin-Watson stat	2.206817
Prob(F-statistic)	0.000000		

利用式(6-4)得出的回归结果见表 6-5,表示滞后一期的资金投入对企业产出的影响。该模型的拟合优度较好,Adjusted R-squared为 0.913783,F 检验和 D-W 检验都显著。政府科技资助和企业 R&D 产出之间的弹性为负(−0.059616),但是不显著;金融机构的贷款与企业 R&D 产出之间的弹性为正(0.046244);企业自身的 R&D 支出明显促进了 R&D 产出,弹性系数为0.310702,而且显著,t 检验为 2.232921,相较于当期 R&D 资金投入对企业产出的影响,企业自筹资金在当期更能促进企业产出。滞后一期的结果显示,企业产出与当期 R&D 资金投入的关系更密切。

表 6-5　　式(6-4)的回归结果

Dependent Variable：Q

Method：Pooled Least Squares

Date：12/21/17　Time：10：24

Included observations：13

Cross-sections included：21

Total pool (balanced) observations：273

Variable	Coefficient	Std. Error	t-Statistic	Prob.
C	－4.757966	1.590035	－2.992365	0.0034
ZF	－0.059616	0.049660	－1.200500	0.2323
QY	0.310702	0.139146	2.232921	0.0274
JR	0.046244	0.045190	1.023327	0.3082
L	0.507722	0.195433	2.597931	0.0105
K	0.695409	0.178854	3.888149	0.0002
Fixed Effects (Cross)				
1—C	－0.472202			
2—C	－0.076866			
3—C	0.106907			
4—C	－0.621282			
5—C	0.646346			
6—C	0.140601			
7—C	0.016113			
8—C	－0.595818			
9—C	0.146637			

续表

Fixed Effects (Cross)			
10—C	0.776938		
11—C	−0.837738		
12—C	0.158389		
13—C	0.773040		
14—C	−0.340471		
15—C	−0.144510		
16—C	0.878872		
17—C	1.007144		
18—C	1.159929		
19—C	1.573880		
20—C	0.361140		
21—C	−4.657049		
Effects Specification			
Cross-section fixed (dummy variables)			
R-squared	0.928547	Mean dependent var	13.21337
Adjusted R-squared	0.913783	S. D. dependent var	1.630843
S. E. of regression	0.478859	Akaike info criterion	1.524278
Sum squared resid	27.74601	Schwarz criterion	2.053198
Log likelihood	−86.03442	Hannan-Quinn criter.	1.739184
F-statistic	62.89641	Durbin-Watson stat	2.337178
Prob(F-statistic)	0.000000		

由表 6-4 和表 6-5 可以看出，山东省政府科技资助对企业

R&D产出的影响不显著。产生这种情况可能是因为:第一,企业的R&D支出主要靠企业自筹资金,企业R&D资金的投入比重已基本保持较高的比例,2010年山东省规模以上工业企业R&D经费内部支出中企业占比为96.02%,政府资金占比为2.87%。所以,政府科技资助对这些企业的作用不明显。第二,R&D产出的滞后效应。R&D从投入到产出会有一定的滞后时间,因此,政府科技资助对于当期企业R&D产出的作用可能不显著。

同时,从具体的统计数据上我们能够了解到,企业每年实际获得的贷款数额是存在一定的差异的,没有统一的标准,且具有很大的随机性。而对于企业的实际研发来说,投资的金额是逐年增加的,这样就使得两者之间的统计关系变得有些复杂,难以用具体的方程式来表达,对于其他可能的情况也难以具体表现。从以上两表中能够发现,回归系数并不明显。这可能主要是因为实际的研发过程存在一定的不确定性,且可能随机出现其他不确定因素。

因此,政府应进一步加大对企业研发的投入力度,提高其对企业R&D投入与产出的诱导作用。

二、政府间接资助对企业产出的影响

为了研究政府间接资助对企业产出的影响,将式(6-3)和式(6-4)改为

$$\ln Q_{i,t} = C + a\ln K_{i,t} + b\ln L_{i,t} + c\ln JM_{i,t} + d\ln QY_{i,t} + e\ln JR_{i,t} + \varepsilon_{i,t} \tag{6-5}$$

考虑到 R&D 投入的滞后效应,我们使用前一期的资金投入,则式(6-5)变为

$$\ln Q_{i,t} = C + a\ln K_{i,t} + b\ln L_{i,t} + c\ln JM_{i,t-1} + d\ln QY_{i,t-1} + e\ln JR_{i,t-1} + \varepsilon_{i,t} \tag{6-6}$$

式中,JM 表示企业享受的各级政府对技术开发的减免税,其余变量表示的含义同前。

进行面板数据分析之前,需要确定采用哪种估计方法,经过 Eviews 6 计算后,政府间接资助对企业产出的影响也应采用个体固定效应回归模型的估计方法。

利用式(6-5)得出的回归结果见表 6-6,表示当期的减免税对企业产出的影响。该模型的拟合优度较好,Adjusted R-squared 为 0.931658,F 检验和 D-W 检验都显著。政府减免税和企业 R&D 产出之间的弹性为正(8.05E－05),但是不显著;金融机构的贷款与企业 R&D 产出之间的弹性为正(0.037318);企业自身的 R&D 支出明显促进了 R&D 产出,弹性系数为 0.789732,而且显著,t 检验为 6.094146,可以看出,企业自筹资金在当期更能促进企业产出。

表 6-6　　　　式(6-5)的回归结果

Dependent Variable: Q

Method: Pooled Least Squares

Date: 12/21/17　Time: 10:59

Included observations: 14

Cross-sections included: 21

Total pool (balanced) observations: 294

Variable	Coefficient	Std. Error	t-Statistic	Prob.
C	−2.415037	1.426202	−1.693334	0.0926
QY	0.789732	0.129589	6.094146	0.0000
JR	0.037318	0.037188	1.003507	0.3173
L	0.152829	0.180262	0.847813	0.3980
K	0.347546	0.152860	2.273627	0.0245
JM	8.05E−05	0.009387	0.008571	0.9932
Fixed Effects (Cross)				
1—C	−0.220466			
2—C	−0.011391			
3—C	−0.072120			
4—C	−0.094918			
5—C	0.717844			
6—C	0.187639			
7—C	−0.102456			
8—C	−0.519160			
9—C	0.061416			

续表

Fixed Effects (Cross)			
10—C	0.441391		
11—C	−0.548305		
12—C	−0.043573		
13—C	0.581548		
14—C	−0.024147		
15—C	0.080679		
16—C	0.814770		
17—C	0.712346		
18—C	0.651661		
19—C	1.092048		
20—C	0.134657		
21—C	−3.839463		
Effects Specification			
Cross-section fixed (dummy variables)			
R-squared	0.941889	Mean dependent var	13.02823
Adjusted R-squared	0.931658	S. D. dependent var	1.713121
S. E. of regression	0.447849	Akaike info criterion	1.372664
Sum squared resid	28.48071	Schwarz criterion	1.856135
Log likelihood	−89.30378	Hannan-Quinn criter.	1.568880
F-statistic	92.06394	Durbin-Watson stat	2.122583
Prob(F-statistic)	0.000000		

利用式(6-6)得出的回归结果见表6-7,表示滞后一期的资金

投入对企业产出的影响。该模型的拟合优度较好，Adjusted R-squared为0.913919，F检验和D-W检验都显著。政府减免税和企业R&D产出之间的弹性为正(0.013481)，但是不显著；金融机构的贷款与企业R&D产出之间的弹性为正(0.040999)；企业自身的R&D支出明显促进了R&D产出，弹性系数为0.252263，而且显著，t检验为1.855686，相较于当期R&D资金投入对企业产出的影响，企业自筹资金在当期更能促进企业产出。滞后一期的结果显示，企业产出与当期R&D资金投入的关系更密切。

表6-7　　　　式(6-6)的回归结果

Dependent Variable：Q

Method：Pooled Least Squares

Date：12/21/17　Time：11:07

Included observations：13

Cross-sections included：21

Total pool (balanced) observations：273

Variable	Coefficient	Std. Error	t-Statistic	Prob.
C	−4.343896	1.585081	−2.740489	0.0071
QY	0.252263	0.135941	1.855686	0.0659
JR	0.040999	0.043991	0.931977	0.3532
L	0.524532	0.195891	2.677667	0.0084
K	0.670906	0.179484	3.737976	0.0003
JM	0.013481	0.010546	1.278273	0.2036

续表

Fixed Effects (Cross)	
1—C	−0.363588
2—C	−0.027226
3—C	0.143113
4—C	−0.627834
5—C	0.776719
6—C	0.147960
7—C	−0.001148
8—C	−0.669370
9—C	0.063913
10—C	0.803989
11—C	−0.914241
12—C	0.273073
13—C	0.840472
14—C	−0.358843
15—C	−0.215834
16—C	0.811403
17—C	0.971323
18—C	1.127553
19—C	1.499041
20—C	0.246896
21—C	−4.527373

续表

Effects Specification			
Cross-section fixed (dummy variables)			
R-squared	0.928659	Mean dependent var	13.21337
Adjusted R-squared	0.913919	S.D. dependent var	1.630843
S.E. of regression	0.478482	Akaike info criterion	1.522705
Sum squared resid	27.70239	Schwarz criterion	2.051625
Log likelihood	−85.91879	Hannan-Quinn criter.	1.737611
F-statistic	63.00306	Durbin-Watson stat	2.313567
Prob(F-statistic)	0.000000		

从表 6-6 和表 6-7 中可以看出，政府减免税促进了企业的 R&D 产出，但影响不显著。主要原因可能是政府对不同行业技术研发的减税程度是有一定差别的，如 2008 年电气机械及器材制造业享受的技术开发减免税为 2.18 亿元，而纺织服装、鞋、帽制造业只有 130 万元。这说明，政府科技资助的强度只有达到一定程度，才会较好地促进企业创新产出。

三、结论

由式(6-3)～(6-6)的回归结果可看出，政府为企业提供直接资助没有促进企业的产出，而间接资助则促进了企业的产出。实证结果支持政府应更多地采用间接资助的方法促进企业研发。这可能是因为：①政府直接资助由于对资助对象有特定的要求，故针对性较强，获得此类资助的企业在R&D活动中能够帮助政府实现一定的价值；而获得非直接资助的对象，具有普遍性、透明的特点。②在一般情况下，小企业难以得到政府的资助。对于R&D税收优惠政策，政府执行的是事后补偿方式，对资助对象没有具体的规定和要求，这就使得以前不能获得资助的中小企业能够得到补助。③对于部分没有足够R&D资金的企业，政府的直接资助能在很大程度上缓解企业的燃眉之急，而政府的间接资助政策能够在更长的时间内帮助企业解决在R&D活动中遇到的技术和资金问题。

2007年，科技部对部分企业进行了一项调查，调查内容为创新政策会对企业产生哪些影响，调查结果显示，间接支持政策比直接资助政策更受企业青睐。[①] 这与本部分的回归结果是一致的。

第三节 企业R&D投入对企业绩效的影响

很多学者研究了R&D投入对企业财务业绩的影响，本节主要研究山东省企业R&D投入对企业绩效的影响。

---

① 中华人民共和国国家统计局：《2006年全国工业创新调查统计数据》，2008年2月22日，http://www.stats.gov.en/tjsj/qtsj/2006exde/t20080222_402464460.htm.

一、变量设计

（一）绩效指标

衡量企业财务业绩常见的指标有总资产报酬率（*ROA*）、净资产收益率（*ROE*）和主营业务利润率（*ROS*）。

由于资产结构会影响净资产收益率，且对于R&D的投入主要反映在企业的主营业务收入上，而主营业务的利润数据难以得到，因此本部分选用利润率来代表企业业绩。

利润率（*ROR*）＝总利润/主营业务收入

（二）研发投入指标

参照程宏伟等（2006）的研究，用R&D强度（*YF*）衡量公司的研发投入。[①]

YF＝R&D投入/主营业务收入

（三）控制变量

选取控制变量的目的在于控制其他的公司特征对绩效表现的影响，包括：

1. 财务杠杆（*ZF*）

财务杠杆指的是企业总负债与总资产的比值，即企业资产负债率。该比值能够表现出企业的基本资产结构以及对于债务的

---

① 参见程宏伟、张永海、常勇：《公司R&D投入与业绩相关性的实证研究》，《科学管理研究》2006年第3期。

偿还能力。由于企业的债务融资利息等费用能够在税前扣除，所以能够使具有较高资产负债率的企业降低运营成本，同时提高企业的利润与业绩。

2. 公司规模（ZC）

公司规模用企业账面总资产的自然对数表表示，其中总资产用企业年末总资产表示。在西方发达国家的研究中，资产的具体规模大小往往被作为政治成本的替代变量。本节的观点是：资产规模变量主要用于控制规模效应。在目前的情况下，大规模企业在地方人员的就业、税收等方面，更容易受到政策的照顾，成为主要的扶持对象。

二、建立模型

本节设计的模型如下：

$$ROR_{i,t}=C+aZC_{i,t}+bZF_{i,t}+cYF_{i,t}+\varepsilon_{i,t} \quad (6\text{-}7)$$

$$ROR_{i,t}=C+aZC_{i,t-1}+bZF_{i,t-1}+cYF_{i,t-1}+\varepsilon_{i,t-1} \quad (6\text{-}8)$$

$$ROR_{t}=C+aZC_{i,t-2}+bZF_{i,t-2}+cYF_{i,t-2}+\varepsilon_{i,t-2} \quad (6\text{-}9)$$

该模型主要检验公司业绩和当期的 R&D 投入、滞后一期的 R&D 投入和滞后二期的 R&D 投入的关系。

为了减少异方差性，资产总额取自然对数来表示，其余变量用原始数据表示。企业 R&D 投入 2008 年以前（包含 2008 年）用统计年鉴中的科技活动经费支出总额来表示，2009 年及以后用统计年鉴中的 R&D 经费内部支出来表示。

本节采用面板数据对模型进行分析。研究期间选定为2001～2016年，选取规模以上工业企业的相关数据作为研究样本，数据来源于《山东统计年鉴》和《山东科技统计年鉴》。本节使用的产业分类依据的是2015年《山东统计年鉴》中规模以上工业企业的分类，以往各年的产业名称均以此年为标准进行适当调整。为了保持各年数据的完整性，舍去“其他采矿业”，保留37项行业。这不会影响数据的有效性。

三、实证分析

经过Eviews 6计算后，本节应采用个体固定效应回归模型的估计方法。

式(6-7)、式(6-8)和式(6-9)的回归结果分别见表6-8、表6-9和表6-10。

表6-8　式(6-7)的回归结果

Dependent Variable: ROR

Method: Pooled Least Squares

Date: 12/21/17　Time: 13:17

Included observations: 16

Cross-sections included: 37

Total pool (balanced) observations: 592

Variable	Coefficient	Std. Error	t-Statistic	Prob.
C	0.006630	0.048418	0.136923	0.8912
YF	−0.145611	0.259957	−0.560137	0.5758

续表

Variable	Coefficient	Std. Error	t-Statistic	Prob.
ZC	0.007293	0.002538	2.873233	0.0043
ZF	−0.085631	0.023573	−3.632503	0.0003
Fixed Effects (Cross)				
1—C	0.042454			
2—C	0.287705			
3—C	0.045701			
4—C	0.050143			
5—C	0.007740			
6—C	−0.029373			
7—C	−0.006746			
8—C	0.002223			
9—C	0.006404			
10—C	−0.022634			
11—C	−0.012934			
12—C	−0.017446			
13—C	−0.005790			
14—C	0.001048			
15—C	−0.000367			
16—C	0.004767			
17—C	−0.003896			
18—C	−0.047612			
19—C	−0.013504			
20—C	0.016707			

续表

Fixed Effects (Cross)			
21—C	−0.012523		
22—C	−0.011354		
23—C	−0.013301		
24—C	−0.007817		
25—C	−0.019977		
26—C	−0.000181		
27—C	−0.009579		
28—C	−0.011240		
29—C	−0.011711		
30—C	−0.013606		
31—C	−0.020949		
32—C	−0.033386		
33—C	0.007546		
34—C	−0.014685		
35—C	−0.041594		
36—C	−0.013607		
37—C	−0.076625		
Effects Specification			
Cross-section fixed (dummy variables)			
R-squared	0.907760	Mean dependent var	0.068855
Adjusted R-squared	0.896859	S. D. dependent var	0.062163
S. E. of regression	0.019964	Akaike info criterion	−4.887962
Sum squared resid	0.131526	Schwarz criterion	−4.464880

续表

Effects Specification			
Cross-section fixed (dummy variables)			
Log likelihood	944.2729	Hannan-Quinn criter.	−4.719910
F-statistic	83.27262	Durbin-Watson stat	0.930282
Prob(F-statistic)	0.000000		

表 6-9 式(6-8)的回归结果

Dependent Variable：ROR

Method：Pooled Least Squares

Date：12/21/17 Time：13:28

Included observations:15

Cross-sections included：37

Total pool (balanced) observations:555

Variable	Coefficient	Std. Error	t-Statistic	Prob.
C	0.027245	0.054413	0.500700	0.6170
YF	−0.076432	0.282869	−0.270203	0.7872
ZC	0.006085	0.002880	2.113253	0.0354
ZF	−0.086371	0.026567	−3.251070	0.0013
Fixed Effects (Cross)				
1—C	0.046614			
2—C	0.287850			
3—C	0.049249			
4—C	0.047901			
5—C	0.006343			

续表

Fixed Effects (Cross)	
6—C	−0.027764
7—C	−0.006376
8—C	0.003211
9—C	0.005386
10—C	−0.020749
11—C	−0.013006
12—C	−0.018040
13—C	−0.005323
14—C	−0.001869
15—C	−0.001342
16—C	0.003534
17—C	−0.005044
18—C	−0.045587
19—C	−0.012155
20—C	0.015884
21—C	−0.016804
22—C	−0.012622
23—C	−0.012439
24—C	−0.006220
25—C	−0.020524
26—C	0.000616
27—C	−0.009413
28—C	−0.009156

续表

Fixed Effects (Cross)			
29—C	−0.011384		
30—C	−0.013384		
31—C	−0.022228		
32—C	−0.035329		
33—C	0.006819		
34—C	−0.014328		
35—C	−0.043979		
36—C	−0.010631		
37—C	−0.077708		
Effects Specification			
Cross-section fixed (dummy variables)			
R-squared	0.903011	Mean dependent var	0.070289
Adjusted R-squared	0.890101	S.D. dependent var	0.062299
Fixed Effects (Cross)			
S.E. of regression	0.020653	Akaike info criterion	−4.809673
Sum squared resid	0.124974	Schwarz criterion	−4.352239
Log likelihood	840.8106	Hannan-Quinn criter.	−4.627268
F-statistic	69.94738	Durbin-Watson stat	1.027154
Prob(F-statistic)	0.000000		

表 6-10　　式(6-9)的回归结果

Dependent Variable：ROR

Method：Pooled Least Squares

Date：12/21/17　Time：13:50

Included observations:14

Cross-sections included：37

Total pool (balanced) observations:518

Variable	Coefficient	Std. Error	t-Statistic	Prob.
C	0.009870	0.058575	0.168498	0.8663
YF	−0.336800	0.309789	−1.087190	0.2780
ZC	0.005694	0.003158	1.802918	0.0726
ZF	−0.034605	0.028417	−1.217776	0.2244
Fixed Effects (Cross)				
1—C	0.049521			
2—C	0.312405			
3—C	0.054412			
4—C	0.047651			
5—C	0.005123			
6—C	−0.031477			
7—C	−0.007473			
8—C	0.004539			
9—C	0.013558			
10—C	−0.024180			
11—C	−0.015234			

续表

Fixed Effects (Cross)	
12—C	−0.023242
13—C	−0.006309
14—C	−0.004763
15—C	−0.005217
16—C	0.001115
17—C	−0.007706
18—C	−0.051013
19—C	−0.010350
20—C	0.022123
21—C	−0.021605
22—C	−0.013961
23—C	−0.013715
24—C	−0.008350
25—C	−0.024352
26—C	0.004382
27—C	−0.012826
28—C	−0.010831
29—C	−0.012266
30—C	−0.018025
31—C	−0.016169
32—C	−0.030420
33—C	0.008537
34—C	−0.016951

续表

Fixed Effects (Cross)			
35—C	−0.053422		
36—C	−0.005551		
37—C	−0.077958		
Effects Specification			
Cross-section fixed (dummy variables)			
R-squared	0.907604	Mean dependent var	0.072425
Adjusted R-squared	0.893528	S. D. dependent var	0.063413
S. E. of regression	0.020692	Akaike info criterion	−4.793080
Sum squared resid	0.109605	Schwarz criterion	−4.294383
Log likelihood	749.3759	Hannan-Quinn criter.	−4.593412
F-statistic	64.47903	Durbin-Watson stat	1.049102
Prob(F-statistic)	0.000000		

从表 6-8、表 6-9 和表 6-10 中可以看出，式(6-7)、式(6-8)和式(6-9)的拟合优度较高，F 检验显著。回归结果表明，当期、滞后一期和滞后二期的研发投入对企业绩效的影响都为负，说明企业的研发支出并没有提高企业的绩效，且与绩效的关系为负相关，没表现出研发投入的时间滞后性。这说明，山东省企业的研发周期短，且更注重应用研究，主要是从外部引进技术和购买等，内部创新能力不足，短期内会使得研发投入有较大的投资效果。另外，由于涉及 37 个行业，而各个行业特点不同，因此研发强度也不同。

因此，我们以 2010 年企业的研发投入强度大于 1%为标准，选取煤炭开采和洗选业，医药制造业，化学纤维制造业，橡胶制品业，交通运输设备制造业，电气机械及器材制造业，通信设备、计算机及其他电子设备制造业，仪器仪表及文化、办公用机械制造业 8 个行业。由此可以看出，山东省工业企业的研发强度普遍比较低，且分布不均，低投入状况普遍。

经过 Eviews 6 计算后，8 个行业的回归模型也采用个体固定效应回归模型的估计方法。

表 6-11、表 6-12、表 6-13 是 8 个行业的利润率与研发投入、资产规模和资产负债率关系的回归结果，其中表 6-11 是利润率与当期的研发投入、资产规模和资产负债率关系的结果，表 6-12 是利润率与滞后一期的研发投入、资产规模和资产负债率关系的结果，表 6-13 是利润率与滞后二期的研发投入、资产规模和资产负债率关系的结果。

表 6-11 表示 8 个行业当期的 R&D 投入对企业利润率的影响。该模型的拟合优度较好，Adjusted R-squared 为 0.809220，F 检验和 D-W 检验都显著。R&D 投入和企业利润率之间的弹性为正(0.075127)，但是不显著；资产规模与企业利润率之间的弹性为正(0.016404)，而且 t 检验显著。

表 6-11　　8 个行业根据式(6-7)得到的回归结果

Dependent Variable：ROR

Method：Pooled Least Squares

Date：12/28/17　Time：15:43

Included observations：16

Cross-sections included：8

Total pool (balanced) observations:128

Variable	Coefficient	Std. Error	t-Statistic	Prob.
C	−0.147463	0.073049	−2.018687	0.0474
ZC	0.016404	0.003641	4.505052	0.0000
ZF	−0.075975	0.040018	−1.898494	0.0618
YF	0.075127	0.214336	0.350509	0.7270
Effects Specification				
Cross-section fixed (dummy variables)				
R-squared	0.833369	Mean dependent var		0.062676
Adjusted R-squared	0.809220	S. D. dependent var		0.028732
S. E. of regression	0.012550	Akaike info criterion		−5.791172
Sum squared resid	0.010867	Schwarz criterion		−5.463643
Log likelihood	242.6469	F-statistic		34.50888
Durbin-Watson stat	1.673202	Prob(F-statistic)		0.000000

表 6-12 表示 8 个行业滞后一期的 R&D 投入对企业利润率的影响。该模型的拟合优度较好，Adjusted R-squared 为 0.815680，F 检验和 D-W 检验都显著。R&D 投入和企业利润率

之间的弹性为正(0.021742),但是不显著;资产规模与企业利润率之间的弹性为正(0.021459),而且t检验显著。

表6-12　　8个行业根据式(6-8)得到的回归结果

Dependent Variable: ROR

Method: Pooled Least Squares

Date: 12/28/17　Time: 15:51

Included observations: 15

Cross-sections included: 8

Total pool (balanced) observations: 120

Variable	Coefficient	Std. Error	t-Statistic	Prob.
C	−0.272090	0.082448	−3.300122	0.0016
ZC	0.021459	0.004115	5.214328	0.0000
ZF	0.010536	0.046158	0.228253	0.8202
YF	0.021742	0.224400	0.096889	0.9231

Effects specification

Cross-section fixed (dummy variables)

R-squared	0.841641	Mean dependent var	0.063943
Adjusted R-squared	0.815680	S. D. dependent var	0.029718
S. E. of regression	0.012759	Akaike info criterion	−5.745440
Sum squared resid	0.009930	Schwarz criterion	−5.397616
Log likelihood	217.8358	F-statistic	32.42004
Durbin-Watson stat	2.174300	Prob(F-statistic)	0.000000

表 6-13 表示 8 个行业滞后二期的 R&D 投入对企业利润率的影响。该模型的拟合优度较好，Adjusted R-squared 为 0.838119，F 检验和 D-W 检验都显著。R&D 投入和企业利润率之间的弹性为负(－0.086772)，但是不显著；资产规模与企业利润率之间的弹性为正(0.02122)，而且 t 检验显著。

表 6-13　　8 个行业根据式(6-9)得到的回归结果

Dependent Variable：ROR
Method：Pooled Least Squares
Date：12/28/17　Time：15:57
Included observations：14
Cross-sections included：8
Total pool (balanced) observations：112

Variable	Coefficient	Std. Error	t-Statistic	Prob.
C	－0.289575	0.083347	－3.474347	0.0010
ZC	0.022122	0.004224	5.236635	0.0000
ZF	0.033071	0.048894	0.676373	0.5017
YF	－0.086772	0.229724	－0.377723	0.7071
Effects Specification				
Cross-section fixed (dummy variables)				

R-squared	0.863815	Mean dependent var	0.065848
Adjusted R-squared	0.838119	S.D. dependent var	0.030596
S.E. of regression	0.012310	Akaike info criterion	－5.801653
Sum squared resid	0.008031	Schwarz criterion	－5.430595
Log likelihood	196.6529	F-statistic	33.61753
Durbin-Watson stat	2.487074	Prob(F-statistic)	0.000000

从表 6-11、表 6-12、表 6-13 中可以看出，研发投入强度与利润率显著正相关。从 3 个表中还可以了解到，企业利润率和当期的 R&D 投入以及滞后一期和滞后二期的 R&D 投入的回归系数分别是 0.075127、0.021742、−0.086772，逐年减小。这充分说明，对于山东省这 8 个行业来说，研发费用并没有表现出时间滞后性。

第四节　政府资助对企业 R&D 支出的影响

一、模型建立

（一）基本假设

国内企业 R&D 资金的来源主要分为三种，分别为企业资金、银行贷款和政府资金。企业的 R&D 支出不仅包括自身的研发经费，还包括委托高校和科研机构进行研发的费用。所以，企业 R&D 的总支出为自身的研发费用，与向科研机构和高校支出的研发经费之和。由于对于企业 R&D 的具体支出没有明确的统计，因此本节用企业技术开发经费的数据来表示。企业通过 R&D 活动能够减少生产成本，加大产品在整个市场中的占有率，提高销售收入。但由于数据的不确定性，本节的观点是企业的 R&D 成果直接体现在企业的新产品销售收入上。同时，由于企业的 R&D 活动具有一定的惯性和滞后性，因此，本书认为，企业

在 t 年的新产品销售收入和 R&D 投入都会影响到 $(t+1)$ 年企业的 R&D 经费投入。本节暂不考虑政府税收优惠政策对企业 R&D 投入的影响。

（二）模型构建

构建我国政府的 R&D 活动对企业 R&D 经费支出影响的理论模型如下：

$$RP_t = C + aZF_t + bGX_t + cJG_t + \varepsilon_t \tag{6-10}$$

式中，RP 为企业的 R&D 经费支出；ZF 为政府向企业提供的 R&D 经费资助；JG 为政府向国有科研机构提供的 R&D 经费资助；GX 为政府向高校提供的 R&D 经费资助；t 为时间，$t=1,2,\cdots,12$；ε_t 为误差项。

为了减少异方差，对模型进行对数处理，可得

$$\ln RP_t = C + a\ln ZF_t + b\ln GX_t + c\ln JG_t + \varepsilon_t \tag{6-11}$$

此方程即为本节研究的基本模型。

考虑到 R&D 投入的滞后效应，我们使用前一期的资金投入，则式(6-11)变为

$$\ln RP_t = C + a\ln ZF_{t-1} + b\ln GX_{t-1} + c\ln JG_{t-1} + \varepsilon_{t-1} \tag{6-12}$$

二、数据来源

考虑到数据的可得性，模型中的企业 R&D 投入用规模以上工业企业的科技经费支出额代替，其中，2008 年以前用筹集经

费,2008 年以后用 R&D 支出。政府对企业 R&D 直接资助的数据也是取自规模以上工业企业的统计数据,因为统计年鉴中只有规模以上工业企业的数据,2008 年以前用经费筹集,2008 年以后用 R&D 支出。企业的 R&D 投入和政府对企业的科技政策来自《山东统计年鉴》。政府对研发机构和高等院校的科技政策分别来自《中国科技统计年鉴》中研发机构高等院校的科技经费筹集额中的政府资金。因此,本节数据来源于《中国科技统计年鉴》和《山东统计年鉴》。

三、模型检验

利用 Eviews 软件对式(6-11)和式(6-12)进行拟合,回归结果分别见表 6-14 和表 6-15。

表 6-14　　式(6-11)的回归结果

Dependent Variable: RP

Method: Least Squares

Date: 12/28/17　Time: 22:46

Included observations: 16

Variable	Coefficient	Std. Error	t-Statistic	Prob.
C	1.743985	1.351419	1.290485	0.2329
ZF	0.293141	0.095239	3.077939	0.0152
GX	0.684513	0.163464	4.187535	0.0030
JG	0.176016	0.308176	0.571156	0.5836

续表

R-squared	0.988716	Mean dependent var	14.64553
Adjusted R-squared	0.984485	S.D. dependent var	0.749615
S.E. of regression	0.093372	Akaike info criterion	−1.643256
Sum squared resid	0.069746	Schwarz criterion	−1.481620
Log likelihood	13.85954	F-statistic	233.6625
Durbin-Watson stat	2.431146	Prob(F-statistic)	0.000000

表 6-15　　式(6-12)的回归结果

Dependent Variable：RP

Method：Least Squares

Date：12/28/17　Time：22:49

Included observations：15

Variable	Coefficient	Std. Error	t-Statistic	Prob.
C	3.811377	3.198709	1.191536	0.2723
ZF	0.294214	0.251156	1.171438	0.2797
GX	0.514525	0.393101	1.308889	0.2319
JG	0.176236	0.758180	0.232446	0.8228
R-squared	0.918545	Mean dependent var	14.77139	
Adjusted R-squared	0.883635	S.D. dependent var	0.639524	
S.E. of regression	0.218156	Akaike info criterion	0.068077	
Sum squared resid	0.333145	Schwarz criterion	0.212766	
Log likelihood	3.625578	F-statistic	26.31226	
Durbin-Watson stat	2.482785	Prob(F-statistic)	0.000348	

检验结果表明:(1)我国政府科技政策的杠杆效应要大于挤出效应。尤其是政府对高校的科技政策对企业的 R&D 支出具有较强的促进作用,其弹性系数分别为 0.684513(当期)和 0.514525(滞后一期),即政府对高校每资助 1 元 R&D 经费,企业会相应追加 R&D 支出分别约 0.685 元和 0.515 元;(2)政府对企业的 R&D 活动进行直接资助会对企业的 R&D 活动支出产生杠杆效应,相应的弹性系数分别为0.293141(当期)和 0.294214(滞后一期),即政府向企业每资助 R&D 活动经费 1 元,企业将分别增加 R&D 支出约 0.293 元和 0.294 元;(3)政府向科研机构每资助 R&D 经费 1 元(当期和滞后一期的回归系数基本一致),企业将增加 R&D 支出约 0.176 元。回归结果表明,政府科技投入的促进作用要大于其挤出效应。看来,在以后较长的一段时期内,为促使企业增加 R&D 支出,提高国家整体创新能力,政府的科技资助还不能显著减少。

第七章

山东省新旧动能转换的科技政策对策和建议

自 1978 年实行改革开放以来，运用以市场换技术的政策，国内的科研水平得到了长足的进步，整体上有了明显的提高，不过与西方发达国家相比，还存在较大的差距，主要是由于还是以模仿学习为主，创新能力较弱。如果该状态持续进行的话，中国的经济很难得到更大的进步，难以获得稳定的发展，同时国内外贸易失衡的状态也难以改变。要想获得改变，只有提高中国企业的科技创新水平，这样才能实现高质量的增长。根据前述分析可以看出，目前企业是科技创新的主体。本书认为，政府具有引导作用，而且政府对企业的研发活动具有正效应。

第一节 政府促进企业R&D投入政策的国际经验

R&D活动中最活跃的就是企业，为了降低企业的投资风险以及增加企业R&D活动的收益，鼓励企业对R&D进行更大力度的投入，不同国家依据自身具体情况颁布了相关的法律法规。1998年，OECD对R&D活动投资了大概1500亿美元，占了这些国家企业R&D总投入的1/3左右。西方发达国家(如美国)对于企业的R&D活动也有较大的投资力度，政府的直接投资或间接资助占企业R&D活动的比重为30.62%左右。①

不同国家对于企业的R&D都有很多的资助政策和优惠政策。在研发的价值链中，开发和应用是非常重要的，西方发达国家如美国、英国现在实行的税收优惠政策，对于上述两个环节都有一定的特殊资助。

在开发环节，英国实施研发税收抵免政策。该政策规定，符合条件的研发支出的11%可以形成税收抵免，抵免企业的应纳所得税额。符合该政策的研发费用的范围较窄，只包括工资薪金

① 参见丹尼尔·马尔金:《发展科技指标，促进政策的分析和评估(续)——OECD的经验》,《科技管理研究》2003年第4期。

和消耗品等，资本性支出、房租、购买专利或商标的支出等被排除在外。此外，对于委托外部机构研发产生的费用，一般不允许抵免，但是委托高校、科研机构、个人以及个人合伙企业进行研发的情形可以例外处理，允许按其发生额的65%计入可抵免的研发费用基数。

在应用环节，英国实施专利盒制度，对企业应用(包括销售包含专利的产品或者服务，以及转让或者许可专利)专利(包括集团内成员企业进行研发取得的专利发明)获得的利润适用10%的低税率(目前标准税率为19%)。为享受以上低税率，企业必须拥有相关专利或者获得独家授权，专利的授予机关包括英国知识产权局、欧洲专利局和欧洲经济区内的若干国家。此外，享受低税率的企业或者其集团内成员企业，必须为专利的创造性发展做出重大贡献，或者为应用该专利形成产品做出重大贡献，并且为管理相关专利承担主要任务以及从事重要的管理工作。在获得某个国家独家授权的专利的情形下，企业必须有权开发、应用以及保护专利技术。对于集团企业而言，集团内一个成员企业拥有的专利，另一家企业应用其专利取得的利润同样可以享受专利盒的优惠政策。

美国的科技创新技术政策则另有特色。在开发环节，美国也实施研发税收抵免政策。具体规定是：纳税人发生符合条件的研发支出中超过基数部分的20%可以抵免其应纳联邦所得税额。

其中,基数按纳税人前四个纳税年度的平均收入额乘以固定比率(最高16%)得出。此外,纳税人可以采取简便抵免法计算抵免额度。根据该抵免法,纳税人当年发生的合格研发支出超过前三个纳税年度平均符合条件研发支出额50%部分的14%,可以抵免其应纳联邦所得税额。

在应用环节,美国的税收优惠政策较为间接。2018年1月1日,美国总统特朗普签署的《减税和就业法案》正式实施。在该法案下,在美国开展研发活动同样受到鼓励,只不过鼓励的路径有所不同。全球无形资产低税收入(GILT)条款增加了受控外国企业超额境外利润的税负,阻碍将利润体现在受控外国企业上。同时,境外无形资产收入(FDII)条款通过税收减免,鼓励美国企业将境外无形资产收入体现在美国境外。在二者共同作用下,通过美国境内公司应用相关技术,将全球利润实现在美国境内则更受鼓励。

一、R&D投入税前抵扣

这是国际上常见的一种税收优惠政策。在具体的抵扣方式上,一般有三种方法:第一种是抵扣当年的企业R&D支出;第二种是对于企业R&D的实际增长部分给予抵扣;第三种是上述两种方法同时实行。比如,澳大利亚针对企业的R&D支出给予125%的税前抵扣,同时,对于企业R&D支出的实际增长部分给予175%的税前抵扣。在英国,大型企业可以享受125%的税前抵扣,对于营业收入少于2500万英镑的企业,当该企业一年的R&D支出超过5万英镑时,就可以享受企业R&D支出150%的税前抵扣;对于没有盈利的企业,可以提前进行税收减免的申报,并且能够得到大概24%的资金支持。法国针对产学研联合的R&D支出能够加倍抵免所得税。英国、比利时、丹麦针对企业与大学、科研机构等组织联合进行的R&D活动支出,能够获得税收减免等优惠政策。

二、R&D费用向后结转或追溯抵扣

这是指允许企业将R&D支出抵扣以后年度的利润,以降低盈利年度的应纳税所得额和应纳所得税;或者抵销以前年度的利润,向相关部门申请退还之前缴纳的所得税。但在实际情况中,对于年度盈余的抵销都是有一定的时间限制的。这对于投资大、风险高的高科技企业来说,具有非常大的正向作用。

美国税法规定,企业当年发生亏损或没有上缴所得税、计算确定的减免税款和R&D费用扣除额,可以往回追溯3年,往后顺延(结转)7年,其中费用扣除最长可以顺延15年。加拿大(1960年始)可以往回追溯3年,往后顺延10年。法国(1983年始)可以往后顺延5年。日本(1966年始)可以往后顺延5年。英国、澳大利亚、德国、瑞典、西班牙、挪威、荷兰、奥地利、比利时等都有类似的规定。

三、对科研设备实行加速折旧

这是指在固定资产使用初期计提较多的折旧，之后每年慢慢减少，同时税负在初期较轻。从整体上看，税负没有变化，但加速折旧法可以使企业获得延迟缴税的好处，也可以间接让企业获得没有利息的贷款。

英国、丹麦、爱尔兰对于R&D活动中实际使用的设备和建筑物，在购置时产生的费用均在当年予以税前减免。美国对于企业R&D中使用的各种机器，一般将折旧期缩短为3年。韩国对于企业研发机构的研发试验所使用的设备，一般根据价款的50%进行加速折旧，对于国产设备则按70%的价款加速折旧。

四、提取技术开发准备金

这是指降低企业可能造成的研发风险而准备的资金，并且不需要缴纳税款。

韩国对于“技术开发准备金”有明确的规章制度，企业需要按照销售额的3%～5%来计提技术开发准备金，作为投资前的损耗计算，在计提后的3年内使用。

五、政府采购政策

大部分国家都是利用具体的政策来鼓励推动国产产品的发

展与研发。比如:1960 年,市场上的集成电路刚刚出现,美国政府就进行了 100%的购买;1998 年,美国政府的采购合同总额中,来自高技术企业的产品价值占 35%。通过政府采购政策,美国扶植了 IBM(国际商业机器公司)、惠普、德克萨斯仪器公司等一批国际 IT 业巨头;2004 年,韩国财政部以每台 1 亿韩元(高于市场普通车 10 倍的价格)认购了 50 台现代公司研发的清洁燃料汽车,对于一些规模不大的高新技术企业,政府则实施并购资助的方式,推动产业的发展。

六、增加对技术消化吸收的财政投入

日本在引进先进技术的同时鼓励对技术进行消化吸收,且对后者也有较多的资金投入。从 20 世纪 50 年代到 70 年代,日本引进技术的费用增加了 14 倍,而用于技术消化吸收的费用却增加了 73 倍,从金额上来看,消化吸收费用是引进费用的 2~3 倍。近年来,日本对于引进外国高新技术的费用只达到消化吸收费用的 1/7。①

七、财政鼓励培养优秀科技人才和团队

在科技创新中,最主要的就是科学技术人才,对于科技人才

---

① 参见胡志坚、冯楚健:《国外促进科技进步与创新的有关政策》,《科技进步与对策》2006 年第 1 期。

的培养，各个国家都有较大的投资。比如，新加坡在 2001～2005 年的国家科技计划中，对奖学金计划有专门的规定，制定了相关的政策，同时给予专门的款项用于对专业研究人才的培养。文件规定，得到资助的人才必须是全球排名前 20 的高校的研究生或博士生，对国籍没有具体要求，但当获得资助后，需要在新加坡任职 2～4 年。

八、促进中小企业技术创新的财税政策

美国在 1982 年实施了“小企业创新研究”(SBIR)计划。该计划联合国家科学基金会、国际研究院等数十个部门，计划每年拨出 R&D 预算中的 2.5%的经费用于科技企业的资助。其中，对于比较重要的企业产品研发阶段，能够得到的资助额一般在 75 万美元以上。1983～2003 年，美国政府累计给予小企业的资助额高达 154 亿美元，累计资助项目达 76000 多个。1994 年，又建立了推动研发机构与创业企业相互合作的组织，称为“小企业技术转移计划”。

对于中小型企业 R&D 活动的支出，德国政府会给予 15%的直接补助，同时还会给予 30%的经费支持企业的专利收购。

日本政府对企业 R&D 活动的资助也有专门的制度，对于中小型企业给予 50%的补助用于技术开发，最高能够达到 5000 万日元，最低也有 2000 万日元。

九、鼓励技术转让的财税政策

韩国有明确的规章制度，对于转让技术或者工艺等获得的收入，出售者可以减免个人所得税和企业所得税。对于转让给本国人所获得的收入，不需要缴纳税费；对于转让给外国人所获得的收入，需要缴纳50%的税费。

巴西对于国内企业因为技术转让等而获得的特许权使用费收入，不再征收企业所得税，同时特许权使用费以及技术转让费能够进行10%的减免，经允许的子公司支付给母公司的特许权使用费可以免除缴纳税费。

第二节 山东省促进企业R&D投入的政策选择

一、明晰中央与地方科技政策的责任边界

为了更大程度地实现中央政府、地方政府与企业在科技投入上的互补，充分调动各投入主体的积极性，需要界定中央政府与地方政府科技投入的责任边界，以体现公平合理的原则，推动区域协调发展。但是在科技投入领域，我国并没有对中央政府和地方政府的责任予以界定，而是更多地沿袭了既有格局，今后应逐

步改变。

通过界定中央政府与地方政府科技投入的边界，中央政府承担基础性、前瞻性研究活动，不仅有利于提高我国科技创新的竞争力，而且还有利于区域间协调发展，规范地方政府的科技工作考核。

二、继续加大政府对企业的科技政策

根据前述分析，政府对公共 R&D 的投入能够促进企业 R&D 的支出，所以，在较长的时间内政府相关部门要加大对 R&D 活动的投入力度，这样能够推动国内科技的发展，促进中国在 2020 年踏入创新型国家行列。

在较长的时间内，政府相关部门还应在财政上坚持 R&D 投入，这样能够在技术外溢的情况下，帮助企业降低 R&D 活动的成本，同时减小小型企业收益与社会收益之间的差距，中小型企业会更加乐于参与 R&D 活动。基础研究一般投资时间长，收益低，成果主要表现为学术论文、文献等形式，难以得到实际的应用，并且难以获得知识产权。所以，一般的企业不愿意进行相关方面的投资，只能由政府提供经费支持。在 20 世纪 90 年代，西方发达国家对研发的投入资金就比较大，三种类型的研发经费投入比例大概为：基础投资 13％～19％，应用研究 20％～25％，试验开发 40％～70％。反观国内，中国在 2016 年用于基础投资的金额仅占5.25%,10.27%用于应用研究,其余的则用于试验与发展。

山东省2016年的R&D经费支出中三种类型的比例分别是2.33%、5.73%和91.94%,规模以上工业企业的R&D经费支出中三种类型的比例分别是0.10%、3.52%和96.38%。由以上数据可以看出,山东省的R&D经费支出中基础研究和应用研究的比例低于全国水平,这可能与我国的科技政策有关。基础研究主要依靠国家财政补贴,地方政府财政资助主要在应用研究和试验与发展阶段;企业受利润驱使,不太可能将有限的R&D经费投放在基础研究领域。

基础研究投入较少,最后的结果就是难以取得较大的科技发明,以至于国家自然科学奖的最高奖项经常出现无人领取的情况。同时,基础研究投入不足也会造成企业对于引进国外高新技术的依赖,企业只在引进的基础上进行简单的改造,很难有大的突破,且难以及时对产品进行升级换代。只有加大基础研究的力度,这样才能缩小与西方发达国家的差距。政府部门应该加强投入,积极发挥政府对企业R&D的推动作用,才能促进国内科技获得稳定长足的进步。

从发达国家的经验看,国家在政策上促使企业加大R&D投入、成为全社会研发活动的主体是重要特征。近几十年来,企业的R&D投入占社会总R&D投入的比重不断增加,1999～2000

年的10年间，各国企业的R&D投入占社会总R&D投入的比重，除了英国和日本基本保持原比例外（英国为50%、日本为75%），美国由57.5%上升到68.2%、法国由42.5%上升到54.1%、德国由61.4%上升到66.1%。从研发经费的使用结构上看，在1995～2000年间，各国企业的R&D支出占社会总R&D支出的比重有逐年上升的趋势，除了英国接近70%（由64.9%上升为67.8%）外，其余均在70%以上，美国由71.9%上升到75.5%、德国由66.3%上升到70.0%、日本由70.3%上升到72.0%、韩国由71.4%上升到74.1%。①

2000年，国内企业成为R&D活动的数量上的主体，但在实际研发过程中，研发能力还是不足，且作用较弱。目前，我国规模以上工业企业中有R&D活动的企业，占全部企业数的比例只有23%左右，而这一数据在2004年仅有6.2%，这说明近10余年我国企业在开展R&D活动方面进步还是很大的。有的企业虽然设立了相关的研发机构，但是这些研发机构没有足够的研发能力。从实际的投入角度来看，投入力度普遍较低，2004年为0.56%，2016年上升到0.94%。虽然2017年世界500强中有115家中国公司上榜，但与国外跨国公司的R&D支出相比差距

① 参见陈震、李丽亚、裴方芳：《典型国家经费投入比较研究》，《机电产品开发与创新》2003年第5期。

还是很大的。根据欧盟委员会(EU)公布的2017年工业研发投入(R&D)排行榜,大众汽车的研发投入高达137亿欧元,居全球首位,随后依次是谷歌母公司Alphabet、微软、三星电子、英特尔、华为、苹果以及三家制药企业罗氏、强生和诺华(见表7-1)。排名前100位的企业从国家和地区来看,美国占36家,居首位。接下来是日本14家、德国13家、中国10家(含台湾地区3家)。韩国和荷兰均有4家企业上榜。法国和瑞士各有3家企业上榜,爱尔兰、瑞典和英国各有2家企业上榜,丹麦、芬兰、印度、以色列、意大利、新加坡和西班牙各有1家企业上榜。

表7-1　2017年全球工业研发投入(R&D)前30位

排名	公司	总部所在地	公司行业	研发投入(亿欧元)	净销售额(亿欧元)	研发占比(%)
1	大众(Volkswagen)	德国	汽车和零部件	136.72	2172.67	6.3
2	Alphabet	美国	软件和计算机服务	128.64	856.39	15.0
3	微软(Microsoft)	美国	软件和计算机服务	123.68	853.34	14.5
4	三星电子(Samsung Electronics)	韩国	电子和电气设备	121.55	1585.71	7.7
5	英特尔(Intel)	美国	科技:硬件和设备	120.86	563.39	21.5

续表

排名	公司	总部所在地	公司行业	研发投入（亿欧元）	净销售额（亿欧元）	研发占比（%）
6	华为（Huawei）	中国	科技：硬件和设备	103.63	539.20	19.2
7	苹果（Apple）	美国	科技：硬件和设备	95.30	2045.72	4.7
8	罗氏（Roche）	瑞士	制药和生物技术	92.42	471.41	19.6
9	强生（Johnson&Johnson）	美国	制药和生物技术	86.28	682.00	12.7
10	诺华（Novartis）	瑞士	制药和生物技术	85.39	468.99	18.2
11	通用汽车（General Motors）	美国	汽车和零部件	76.84	1578.41	4.9
12	戴姆勒（Daimler）	德国	汽车和零部件	75.36	1532.61	4.9
13	丰田汽车（Toyota motor）	日本	汽车和零部件	75.00	2241.51	3.3
14	辉瑞（Pfizer）	美国	制药和生物技术	73.77	501.13	14.7
15	福特汽车（Ford Motor）	美国	汽车和零部件	69.25	1440.09	4.8

续表

排名	公司	总部所在地	公司行业	研发投入（亿欧元）	净销售额（亿欧元）	研发占比(%)
16	默沙东（Merck US)	美国	制药和生物技术	64.83	377.64	17.2
17	甲骨文（Oracle)	美国	软件和计算机服务	58.43	357.92	16.3
18	思科（Cisco Systems)	美国	科技：硬件和设备	57.48	455.41	12.6
19	Facebook	美国	软件和计算机服务	56.15	262.20	21.4
20	博世（Robert Bosch)	德国	汽车和零部件	55.87	731.29	7.6
21	本田汽车（Honda Motor)	日本	汽车和零部件	53.60	1137.05	4.7
22	阿斯利康（Astrazeneca)	英国	制药和生物技术	53.58	218.26	24.6
23	宝马（BMW)	德国	汽车和零部件	51.64	941.63	5.5
24	赛诺菲（Sanofi)	法国	制药和生物技术	51.56	365.29	14.1
25	西门子（Siemens)	德国	电子和电气设备	50.56	796.44	6.3

续表

排名	公司	总部所在地	公司行业	研发投入（亿欧元）	净销售额（亿欧元）	研发占比（%）
26	IBM	美国	软件和计算机服务	49.39	758.17	6.5
27	诺基亚（Nokia）	芬兰	科技：硬件和设备	49.04	236.14	20.8
28	高通（Qualcomm）	美国	科技：硬件和设备	48.87	223.45	21.9
29	拜耳（Bayer）	德国	制药和生物技术	47.74	475.37	10.0
30	百时美施贵宝（Bristol-Myers Squibb）	美国	制药和生物技术	45.95	184.30	24.9

资料来源：凤凰网科技频道，2017 年 12 月 18 日。

企业自身较少的研发投入，会降低企业的创新能力及吸收转化外界新知识的能力，同时也难以得到成长。国际经验表明，当企业的研发费用仅有销售收入的 1%时，企业迟早会倒闭，为 2%时大概可以存活，只有达到 5%才具有一定的竞争力。如果国内的企业按照该标准，多数将难以维持。

三、构建多元化的地方政府研发投入方式

R&D 投入占 GDP 的比重达到 3%是发达国家和新兴工业

化国家的共同目标。除直接资助和间接的财税政策外，山东省可以采取以下几种研发投入方式加大 R&D 投入。

（一）政府采购政策

在产品进行早期研发的过程中，由于市场的商业性，政府可以进行鼓励性采购，通过间接扶持，推动企业的自主创新发展，从而创建具有特色的国家品牌。政府的采购一般分为两部分：对企业的科研成果进行采购称为“前采购”，而购买企业研发的产品称为“后采购”。政府的间接采购补贴，能够促进企业的创新发展，推动市场稳定发展，降低企业的研发成本，从而促进新产品、新工艺的研发。比如，应该积极鼓励各级政府部门优先购买本土的设备产品，对于中小型企业应该给予不低于 30%的合同金额。

（二）金融政策

建立科技与金融有机结合的政策。第一，建立信息共享的联动机制。政府部门应以建设公共服务平台为重点，充分发挥自身的信息资源优势，通过搭建信息网络平台，实现信息的共享。依据政府、人民银行和司法等部门的数据进行整合，完善相关金融信息和征信系统，同时整合相关的科技产品信息、中小型企业信息和相关的政策消息等，推动信息及时有效地更新，保证信用单位和银行的精准规划，提高企业项目的成功率，增加企业研发的安全性。对于中小型企业，要增加其信用意识，完善相关制度。第二，优化创新机制。对风险进行严格的把控，探索建立相关的风险补偿机制，依据不同的业务量进行相关的补贴。在政策的推动与鼓励下，将高科技中小型企业作为重点，大力推动企业与金融的有效融合。第三，与多部门相互协作推动多平台互动。创建多个部门协同合作的平台，推动相关规章制度的建立与完善，打造更加完善的工作格局。开展多平台共同会议，对相关问题与困难进行探讨，共同提出合理的措施与建议，对于有关金融的重大问题，要保证稳定、有序、有效地进行。

（三）知识产权保护政策

国内对于知识产权有基本的法律保障体系，形成了基本的框架，但是对于 R&D 活动各部门间的合作创新以及技术转化、技术扩散等环节没有具体的规定，也没有制定详细的明目条文。这样会导致大部分企业不愿意将资金投入到创新研发上，难以改变创新不足的现象。所以要颁布相关的政策推动企业加大对研发的投入力度，同时加强企业的专利意识，对有专利的企业给予更多的资助措施，包括制定 R&D 收益在企业间的定价制度、政府的补贴制度和税收制度等。

（四）促进中小企业发展的政策

建立中小企业信用记录体系和中小企业信用咨询机构，探索和实践能够准确识别防范中小企业信用风险的评价方法和制度规范，推动银行为中小型企业机构提供更多的、更全面的信用咨询，共享信用信息资源。对于部分违约的中小型企业及其股东，

要加大打击力度，推动相关政策，防范违约行为的出现，打造不敢违约、不会违约的机制与规范，降低金融机构的信息成本和风险逾期。

（五）促进中介服务体系发展的政策

政府应当适当鼓励和支持一些民间的社会机构（主要是协会、民间组织等）进行相关的服务。一是要积极鼓励相关中介专业化、社会化；二是要更大程度地推进民间组织的发展；三是当中小型企业需要中介咨询时，要给予相关的政策支持；四是要加强创新咨询服务的基础设施与工具建设。

四、继续完善激励企业加大 R&D 投入的各种财税政策

从国内的实际情况来看，财政政策主要为税收优惠政策、政府补贴等。把科技投入作为各级预算保障的重点，建立财政科技投入稳定增长机制。发挥财政支持科技创新的重要作用，坚持近期与长远相结合、基础研究与应用研究相结合，提高财政科技资金的使用效益，重点支持基础前沿研究、创新载体建设、高端科技人才和团队、全县域的重大共性关键技术研究。最大限度地发挥财政的资金杠杆作用，利用股权投资、补助等方法减少风险，支持有明确市场需求的技术创新活动，带动企业和社会加大科技投入，逐步建立多形式、分层次、全覆盖的研发投入体系。鼓励科技型企业利用资本市场发展壮大。对科技型企业上市挂牌加大辅

导服务和奖励补贴力度，强化辅导培育，协助完善相关申报备案手续，变事后奖励为事前、事中补助，支持科技型上市公司通过再融资等方式募集资金增强创新能力。帮助符合条件的科技型企业到全国中小企业股份转让系统挂牌，推动“新三板”挂牌企业持续融资，扶持各类众创空间、孵化器内优秀小微企业在省内区域性股权交易市场挂牌展示，吸引天使基金关注。加强各部门与企业之间的工作衔接，注重财税、金融、投资、产业、贸易等政策与科技政策的配套。

（一）提高税基优惠的政策力度

目前，政府部门对于企业 R&D 活动给予的优惠措施主要是税率方面的，比如盈利企业，若当年的研发费用比前一年的实际发生额增长 10%以上，则当年的费用除了按实际发生额列支外，还能按实际发生额的 50%抵扣当年的纳税所得额，对于不足以抵扣纳税所得额的，以后的年份均不能进行抵扣，同时企业亏损的支出必须按照实际发生额列支。由上述规定能够看出，我国对于企业 R&D 活动的激励方式比较单一，而西方发达国家如美国、法国等采取的是滚动平均基数法，但不同的国家对于企业的 R&D 计算方式的具体平均年数值有不一样的规定。例如，澳大利亚为 3 年，美国以前为 3 年，现在改为 4 年，法国为 2 年。假设基数计算年数为 3 年，则采用滚动平均基数法计算时具体的税收减免公式为

$$S = X_t - (X_{t-1} + X_{t-2} + X_{t-3})/3 \qquad (7\text{-}1)$$

其中，X_t 代表第 t 年企业的 R&D 支出水平。从式(7-1)中可以直接看出，企业可以获得的税收减免额与当年以及过去三年的 R&D 支出水平相关，如果当年的 R&D 支出水平较高，那么当年的税收减免额也会高，只有未来的 R&D 支出水平更高，税收减免额才会较多，否则税收减免额就会较少。OECD 等国家的这种滚动平均基数法在某种程度上更有激励性，因为企业要想获得更多的税收减免，就必须投入较多的 R&D 资金，而反观我国 R&D 的税收激励方式则比较单一，只有盈利的企业才能获得较多的税收减免额，而亏损企业则较少，不利于企业从事创新活动。一方面，从这种激励效果的角度来讲，我国政府有必要从以税率优惠为主的政策向以税基优惠为主的政策转变，改善税收优惠的激励效果；另一方面，从吸收能力提高的角度来讲，政府也有必要从以税率优惠为主的政策向以税基优惠为主的政策转变，因为只有连续的 R&D 活动才会不断地提高企业的吸收能力，而当年的 R&D 活动对吸收能力的作用是不显著的，以滚动平均基数法计算的税收减免则体现了对吸收能力进行补贴的效果，因此要提高 R&D 活动的收益，刺激企业不断地进行 R&D 活动。

(二)加大职工培训的激励力度，对研发人员的相关费用实行税前扣除的政策

企业的技术创新水平关键在于研发人员，而研发人员的工

资、培训等费用则构成企业的研发成本。世界各国均积极鼓励公司培训的税收减免,对企业的培训费用和购买软件的费用等进行了一定程度的减免。例如:韩国对于公司购买设施用于研究开发和职业培训的,最多可以按照其总价款的7%抵免;日本对于大型企业的培训费用给予25%的税收抵免;西班牙政府对于企业的培训费用给予总额5%的抵免和增量10%的混合税收抵免。OECD成员国中对于企业培训费用也有一定的税收抵免政策。而且,大部分国家的企业都可以在当年度抵扣培训费用。

由此可以看出,大部分国家允许对企业研发人员的工资、培训费用进行减免,这可以促进企业加大对研发活动的投入和人员的培训,提高研发水平与产出的数量和质量,从而提高R&D活动的收益。因此,为了国内企业加强对R&D活动的投入,政府必须加大对研发人员培训费用的支持,推动对创新型人才的培养,及时对培训费用进行税前扣除,推动企业健康有序地发展。

《财政部 国家税务总局关于高新技术企业职工教育经费税前扣除政策的通知》(财税〔2015〕63号)规定:“高新技术企业发生的职工教育经费支出,不超过工资薪金总额8%的部分,准予在计算企业所得税应纳税所得额时扣除;超过部分,准予在以后纳税年度结转扣除。”对于8%的比例,可以再提高一些,这样更有利于企业对研发人员的培训。《国家税务总局关于研发费用税前加计扣除归集范围有关问题的公告》(国家税务总局公告2017

年第 40 号)对研发费用税前加计扣除归集范围有关问题进行了调整。允许加计扣除的研发费用支出范围包括了人员人工费用,但对于研发的培训费用没有作更详细的说明。

第三节 探索适合地方政府的科技管理制度

相对于地方政府机构来说,上述方法和思路有一定的限定,其主要原因是地方政府在税收和政策上难以进行大的改动,税收政策主要是由国家税务总局和财政部决定的,地方上没有改动的权力。对于地方政府来说,只能从直接补贴、科技溢出效果和政策扶持方面来进行调整。

一、选择适合各地区的科技投入项目

区域层面的科技投入和国家层面科技投入的目标和实现的功能有差别,地方上对于研发的投入主要是推动地方经济的发展,在不同时期、不同时间段是有区别的。例如,科技资源集聚尤其是中央财政投入比较多的地方,地方财政一般也要投入相应的资金,实现与国家计划的相互衔接,最大限度地发掘该区域的潜力。因此,不同地区应该根据自身情况和发展阶段确定切实可行

的计划标准。[①]

从地方财政投入来看，2015 年苏州市财政性科技投入高达 86.9亿元，占公共财政预算的 5.7%，苏州市财政投入的力度决定了创新主体的发展，比如：位于苏州工业园区的科技创新区，共有 25 所大学入驻，基本都是“985”高校的苏州研究院或分校，在校学生超过 7.5 万人，其中硕士研究生以上的近 2 万人，成为全国唯一的“国家高等教育国际化示范区”。从全社会科技投入来看，2015 年深圳市全社会研发投入占 GDP 的比重达 4.05%，科技进步对 GDP 的贡献率达到 60%，目前全世界只有以色列和韩国超过 4%。深圳市研发的大投入促进了科技创新的大发展。2015 年，深圳市国内专利申请量 10.55 万件，同比增长了 28.24%，国内发展专利授权 16957 件，上演了“一天 46 张专利”的创新传奇，平均每万人拥有发明专利 73.7 件，是国内其他省(市)的 12 倍左右，位居全国榜首。深圳市南山区全社会研发投入占 GDP 的比重达 5.8%，相当于国际创新型国家水平，拥有国家级高新技术企业 1641 家，PCT 国际专利申请量 5221 件，占全国的 21%，每万人发明专利拥有量为 280 件，居全国各县(市、区)首位。从深圳和苏州两地的做法看，科技投入与科技进步是成正比的。山东

---

① 参见徐建国、吴贵生：《国家科技计划与地方科技计划关系研究》，《中国科技论坛》2004 年第 5 期。

省各县(市、区)应进一步加大科技工作财政投入力度,使政府科技投入与经济发展水平相适应。同时,应实施更加灵活多样的科技补贴机制,将政府资金从直接补助向入股引导、贷款贴息等方式转变,带动企业和社会加大科技投入,更好地发挥政府资金的引导和黏合作用。

二、开放整合域外资源

地方政府要鼓励本辖区的企业与国内外的企业、高校等开展合作,通过构建合作的网络提升区域内科技研发水平。据统计,目前全国普通高等学校已达 2550 多所,每一所大学所辖的科研机构都很多,同时国家部委所属、部队所属、央企所属的众多科研院所,都是产学研合作重点对象。上海市杨浦区集聚了复旦、同济等 14 所高校、150 余家科研机构和上海 40%的大学生,形成“城市的大学,大学的城市”,推动高校与城市、研发机构与企业共同发展的道路。山东省各县(市、区)应加大对高校及科研院所的引进力度,对国内的“大院大所”进行组团式大走访活动,深入挖掘产学研合作潜力,鼓励国内一流学科、研究院在山东省创办创新平台。同时,优化配置科技资源,促进基础信息和设备仪器等的共享,通过合作,委托大学、科研院所开发新技术、新产品等方式,提高企业的市场占有率和竞争力。

三、制定有特色的科技研发支持政策

在经济发展过程中，各个省市资源禀赋不同，产业结构各有特点。不同产业的技术发展所受到的限制存在很大不同，部分产业是通过技术发展而带动，有些技术则需要整个产业链的发展创新。所以山东省对于科技产业的投入要结合自身的特点，选择性地用不同的方式进行支持，最大限度地发挥作用，从而推动企业健康有序地发展。

要想企业快速发展，要根据自身的实际状况，对规模大小和方向进行相关合理安排。比如，加快高新技术产业园区发展。没有平台的大建设，就没有科技工作的大发展。上海市张江高新技术开发区内的“一区六园”，分别根据各自产业基础确定重点产业，如张江园区重点发展集成电路、软件和生物医药产业，集成电路产业占国内半壁江山，已成为国内最大的软件产业基地之一。东莞天安数码城被称作“有生命的企业公园”，以品建园、以园推产、以产筑城，1990～1996 年走工业园发展之路，1997～1999 年走工贸园发展之路，2000～2008 年走科技产业园之路，2009～2013 年走城市综合体之路，2014 年以来走打造创新企业生态圈之路，引进企业 1300～1500 家，吸引 3 万～5 万高素质人才。全省各县市区应充分发挥高新技术产业园区培育发展战略性新兴产业的核心载体作用，选择基础条件好、发展潜力大的科技园区进行重点扶持，推动产业集聚、错位发展，提挡升级、转型增效，培育一批高点定位、特色鲜明的创新驱动发展示范园区，形成规模效益和示范效应。

一般的政策难以对所有企业和企业的 R&D 活动产生较大影响。政府应该根据省内科技产业的不同发展方向、遇到的竞争与困难以及将来的发展趋势，及时规划出相应的方案与措施。对相关的优质企业进行鼓励，推动企业自身进行科技创新。对科技政策实施的具体效果进行透明、及时的评估，了解政策的实施帮助了哪些企业以及该企业是否增加了 R&D 投入，从而利于政府更好地进行政策方面的优化完善，帮助政府制定更有效的政策工具。[①]

第四节　发挥政府研发政策与企业的双重作用，提高企业自主创新能力

作为发展中国家，我国对于提高 R&D 投入的力度不可能一直增加，而对于企业来说，盈利也不能保证持续稳定地增长，所以对于 R&D 的投入也是有限的，因此，我国需要在向国外引进先进技术的同时，增强消化吸收能力，从而间接提高技术的创新能力，但这又可能在一定程度上形成技术依赖。鉴于此，第一，要对

---

① 参见程华：《科技资助政策的评估及其政策工具选择》，《科研管理》2003 年第 11 期。

国外先进技术持续引进，加大企业的消化吸收能力；第二，加大政策的投资力度，鼓励企业加大 R&D 投入。同时，要尽量发挥这两个方面的互补作用，努力提高企业的创新能力，政府的优惠政策应该有所不同，对于有优势的企业，政府应该加大力度，最大限度地激发企业的创新能力，这有利于更好地发挥政府科技政策的促进作用。想要更好地推进两者间的相互作用，可以采取以下措施：

一、加强对企业创新平台的建设

企业在一段时间内向外部购买科技成果是可以的，但从长远来看还是要组建自己的研发平台。在这方面，深圳的三诺集团的工业设计中心做得就很好，它以"智慧家庭、智慧工作、智慧出行"三维立体构建了完整的智慧生活生态产业链，是全球领先的智慧生活产品整体解决方案提供商。三诺集团的工业设计中心被评为国家级工业设计中心，位列全球设计机构第 13 名。因此，全省各县（市、区）应引导企业搭建由科技、发改、经信等系统认定的工程技术研究中心、工程研究中心、企业技术中心、重点实验室、工程实验室、博士后科研工作站、院士工作站等科技创新平台，并推动现有的创新平台提挡升级，进入"省队""国家队"行列，从而提高产品的附加值和竞争力。同时，应将"自主创新、自主品牌、自主知识产权"作为生存和发展的生命线，支持企业研究开发拥有自主知识产权的高新技术项目，确保专利申请量、专利授权量不断增加，并争取获得更多技术发明奖、科技进步奖等国家级、省级科技大奖。

二、加大对科研人员和科研成果转化的激励力度

企业的技术吸收能力主要表现在科研人员的数量、质量和企业的专利数量上。研究数据表明，企业吸收外界先进知识的多少取决于自己的技术水平，而自己的技术水平是由企业的科研人员的数量、质量和专利数量决定的。因此，各级政府要落实好人才扶持政策，完善人才流动机制，真正引导好科技人才向基层区域、基层企业流动。完善科技创新体系激励机制，加大资金支持力度。在国家有关政策法规框架内，进一步加强和完善科技创新体系激励机制，进一步释放科研工作者的创新创业激情，提供制度保障，同时加大科技成果转化和基础科研工作的资金支持力度；实施科技创新服务工程，继续完善公共服务平台建设，实施更加开放、灵活的人才流动政策，鼓励科研人才到企业兼职或创办企业。同时，在制定方针政策时也要考虑到新老科技人才的差别，且要重视性别比例的合理安排和保障。从2018年起，根据新修订的《山东省促进科技成果转化条例》，山东省科技人员从职务成果转化收益中可提取的部分，将由原来的不低于50％提高到不低于70％。这对于促进科技人员的成果转化具有非常重要的激

励作用。

同时，在环境、资金、福利、住房、子女就学等方面，要让科技人才享受更多的政策优势，享受更加宽松的发展环境，统筹解决高层次人才社保、户口、福利等方面的政策配套问题。采取有效措施，健全引进机制，营造良好的人才培养、使用和激励环境。对企业全职引进的高层次管理人才给予一定的政策支持，对高层次创新创业人才，在创业初期给予一定的创业扶持资金；加大对基层创新人才培养使用的扶持力度，对有特殊贡献的本地人才，适当放宽进入高层次人才的选拔条件，进一步提高创新创业人才培养引进的吸引力和竞争力。进一步落实人才激励政策，为全省的高质量发展提供有力的人才保障。

三、加大对吸收能力强的企业的激励力度

Leahy and Neary(1999)认为，对于发展中国家来说，最重要的就是要增强对技术的吸收能力，政府在吸收技术方面应该给予相关的政策支持，对于有能力的企业，应该给予较多的支持，从而使其在更大程度上快速吸收外界先进知识。吸收能力的增强，可以使企业获得技术溢出的收益，降低企业 R&D 活动的成本，间接提高社会的福利水平。[①] 所以，加强对企业吸收能力的补贴，能

---

① D. Leahy and J. P. Neary, "R&D Spillovers and the Case for Industrial Policy in an Open Economy", *Oxford Economic Papers*, 1999, 51(1): pp. 40-59.

够在较大程度上避免R&D活动的“市场失灵”，同时通过政府政策对企业吸收能力的激励，能够较好地发挥这两个方面在推进R&D活动方面的互补作用，最大限度地推动企业进行较高水平的R&D活动。

第五节　利用政府科技政策，改变企业对技术引进的路径依赖

过去，国内企业更多的是引进技术而不是进行自主创新，这是企业在保证自身生存状况下的选择。改革开放初期，国内的技术与西方发达国家相比，存在较大的差距，政府只能采用以市场换技术的方式，在较短的时间内，国内的经济得到了快速发展，企业具备了基础的加工能力，企业在引进技术的同时能够获得相应的补贴，并且能够得到较高的利润。根据诺斯提出的路径依赖机制Ⅱ，一旦初始阶段带来报酬递增的制度，现存的组织和利益集团会把这种制度持续下去，哪怕这种制度是无效的。

政府在政策上的支持力度，可以在一定程度上促使国内企业减少对国外技术的依赖，这有利于核心关键技术的研发。原因有如下几点：(1)政府对创新企业的R&D资助，能够让市场了解到，国家的发展路径有了改变，如今更多地倾向于科技的自主创新，使企业意识到过去依靠引进技术的发展路径已经不可行了。

这就等于强制性或半强制性地推动企业以自主创新替代引进技术的发展路径。尤其是2018年“中兴事件”后，政府要求企业改变科技创新模式。企业在经历了重重技术壁垒后，也会作出相应的改变，走自主创新的路径。(2)政府的相关政策弥补了企业创新发展的初期损失。企业在原先引进的技术的基础上进行改造花费的成本较小，而当进行自主创新时，则需要更多的成本。只有获得更多的政府支持，企业才能更好地走向自主创新的路径。(3)要加强信息交流，最大限度地实施信息共享，从而推动企业更快地发现新的替代路径。政府的政策资助，能够加强高校、政府和企业之间的沟通，能够更好更快地推动企业的发展，促进企业开展新的研发路径。

深圳市以“腾笼换鸟”的决心实现“凤凰涅槃”，5年内淘汰低端企业1.7万家，万元GDP能耗在全国大城市中最低，GDP中有1/3来自高新技术企业，培育的生命健康、机器人、可穿戴设备、智能装备等未来产业规模超过4000亿元，崛起了一大批引领转型的企业。东莞市实施“靶向招商”，主要针对高新技术企业进行有目的的招商，主要是招引创新资源。目前，该市的高新技术企业已达1200多家，2015年科技对经济增长的贡献率超过55%，打造出了“世界工厂”的升级版。全省各县(市、区)在招商过程中，应将招商重点投向创新型的高新技术企业，做减法淘汰一批落后产能，做加法招引一批高效能项目，为各地注入转型发展的原动力。

主要参考文献

一、中文文献

[1]程华:《科技资助政策的评估及其政策工具选择》,《科研管理》2003年第11期。

[2]程华:《科技资助促进企业R&D研究》,《科研管理》2005年第7期。

[3]程华:《直接资助与税收优惠促进企业R&D比较研究》,《中国科技论坛》2006年第3期。

[4]程华、赵祥:《政府科技资助对企业R&D产出的影响——基于我国大中型工业企业的实证研究》,《科学学研究》2008年第6期。

[5]程华等:《政府科技资助对我国大中型工业企业R&D产出的影响——基于省际面板数据的研究》,《科学学与科学技术管

理》2008 年第 2 期。

[6]丁小义、潘申彪、余红娜:《政府直接资助与浙江省企业 R&D 投入分析》,《科学学研究》2007 年增刊第 2 期。

[7]杜文献:《政府 R&D 投入对企业 R&D 投入的诱导及效应研究》,江南大学硕士学位论文,2008 年。

[8]国家统计局社会科技和文化产业统计司、科学技术部创新发展司编:《中国科技统计年鉴 2017》,中国统计出版社 2017 年版。

[9]黄利潮:《地方政府科技投入绩效评价与管理研究》,广东工业大学硕士学位论文,2008 年。

[10]焦小超:《去年山东省“双创”资金投入近 30 亿元》,2018 年 1 月 18 日《济南日报》。

[11]梁小娅:《基于国内外 R&D 投入发展对比的我国自主创新行为研究》,长安大学硕士学位论文,2009 年。

[12]庞皓:《计量经济学》,西南财经大学出版社 2002 年版。

[13]任海云、师萍:《公司 R&D 投入与绩效关系的实证研究——基于沪市 A 股制造业上市公司的数据分析》,《科技进步与对策》2009 年第 12 期。

[14]山东省统计局、国家统计局山东调查总队:《山东省 2017 年国民经济和社会发展统计公报》,2018 年 2 月 27 日《统计公报》。

[15]山东省统计局、国家统计局山东调查总队编:《山东统计年鉴 2017》,中国统计出版社 2017 年版。

[16]师萍、许治、张炳南:《政府公共 R&D 对企业 R&D 的效

应分析》,《中国科技论坛》2007 年第 4 期。

[17]施定国:《基于过程分析的政府 R&D 支出绩效研究》,大连理工大学博士学位论文,2009 年。

[18]王俊、刘东:《技术后进国家需要对企业进行 R&D 资助吗?——基于技术模仿与技术跨越的争论》,《自然辩证法研究》2010 年第 2 期。

[19]许治、师萍:《政府科技投入对企业 R&D 支出影响的实证分析》,《研究与发展管理》2005 年第 6 期。

[20]杨剑波:《R&D 创新与中国 TFP 的研究》,华中科技大学博士学位论文,2009 年。

[21]张弛:《山东省科技创新政策实施效率评估》,山东大学硕士学位论文,2014 年。

[22]张晓峒:《Eviews 使用指南与案例》,机械工业出版社 2007 年版。

[23]赵建强:《我国地方政府科技投入行为研究》,大连理工大学博士学位论文,2009 年。

[24]郑绪涛:《公共研发政策、吸收能力与企业的 R&D 活动》,华中科技大学博士学位论文,2009 年。

[25]种昂:《山东 2017 年 GDP 出炉:增速 7.4% 新兴动能持续增强》,2018 年 1 月 22 日《经济观察报》。

[26]周明、李宗植:《基于产业集聚的高技术产业创新能力研究》,《科研管理》2011 年第 1 期。

二、英文文献

[1]B. H. Hall and J. Mairesse,"Exploring the Relationship between R&D and Productivity in French Manufacturing Firms",*Journal of Econometrics*,1995,65(1): pp. 263-293.

[2]C. I. Jones and J. C. Williams,"Measuring the Social Return to R&D",*The Quarterly Journal of Economics*, 1998, 113(4):pp. 1119-1135.

[3]D. Guellee and Bruno Van Pottlesberghe De La Potterie:"The Impact of Public R&D Expenditure on Business R&D",*Economics of Innovation and New Technology*,2003,12(3):pp. 225-243.

[4]E. Mansfield,"Academic Research and Industrial Innovation: An Update of Empirical Findings", *Research Policy*, 1998,26(7-8): pp. 773-776.

[5]M. I. Nadiri and I. R. Prucha,"Dynamic Factor Demand Models,Productivity Measurement, and Rates of Return: Theory and an Empirical Application to the U. S. Bell System", *Structural Change and Economic Dynamics*, 1990,1 (2): pp. 263-289.

[6]M. I. Nadiri and I. R. Prucha,"Estimation of the Depreciation Rate of Physical and R&D Capital in the U. S. Total Manufacturing Sector",*Economic Inquiry*, 1996,34(1): pp. 43-56.

[7]P. Mohnen and N. Lepine, Payments for Technology as a Factor of Production, Springfield: University of Montreal, Department of Economics, 1998.

[8]W. M. Cohen and R. C. Levin, "Chapter 18: Empirical Studies of Innovation and Market Structure", *Handbook of Industrial Organization*, 1989, 2: pp. 1059-1107.

[9]W. M. Cohen, R. C. Levin and D. C. Mowery, "Firm Size and R&D Intensity: A Reexamination", *The Journal of Industrial Economics*, 1987, 35(4): pp. 543-565.

[10]Z. Griliches, "Issues in Assessing the Contribution of Research and Development to Productivity Growth", *Bell Journal of Economics*, 1979, 10(1): pp. 92-116.

[11]Z. Griliches, "Productivity, R&D, and Basic Research at the Firm Level in the 1970's", *The American Economic Review*, 1986(1): pp. 141-154.

[12]Z. Griliches, "The Search for R&D Spillovers", *Scandinavian Journal of Economics*, 1992(94): pp. 529-547.